Research in Classics

古典学研究
刘小枫◇主编
——
第二辑

荷马的阐释

彭　磊◇执行主编

U0331207

华东师范大学出版社

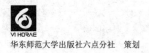

华东师范大学出版社六点分社　策划

本刊由中国比较文学学会古典学会主办

目　　录

Contents

专题:荷马的阐释

再论"荷马问题"中的口头与书面之争

陈斯一 *
（北京大学哲学系）

摘　要: 18 世纪末期以来,西方古典学界围绕荷马史诗的创作方式、作者身份、形式与内容的统一性等"荷马问题"展开了不休的争论,其中,荷马史诗的创作方式,即《伊利亚特》和《奥德赛》究竟是口头作品还是书面作品,是一个根本性的议题,在很大程度上,19 世纪"分析派"的盛行正是基于对书面创作之可能性的否定。到了 20 世纪中期,口头创作论在技术层面取得重大突破,使得围绕"荷马问题"的争论在全新的格局中展开。本文将以口头和书面之争为线索,以口头创作论的发展为重心,简要概述"荷马问题"的现代学术史;以此为背景,本文将论证诗人荷马从事书面创作的可能性,从而为"统一派"提供一份全新的、更加有力的辩护。

关键词: 荷马问题　口头　书写　程式　艺术统一性

一

　　谁是荷马? 他生活于何时何地? 真的有过荷马其人吗?《伊利亚特》和《奥德赛》是同一位诗人的作品,还是分别由两个诗人创作,抑或二者分别都有多个作者,甚至是许多世代的作者和编者不断修正和编排的产物?①

---

*　作者简介:陈斯一(1986-),男,四川绵竹人,北京大学哲学系助理教授,剑桥大学古典系博士,主要从事古希腊罗马哲学、伦理学、政治哲学研究。

① 参见 Gregory Nagy, "Homeric Questions", in *Transactions of the American Philological Association* 122 (1992), p. 17。关于荷马问题的概述,参见 J. A. Davison, "The Homeric Question", in A. J. B. Wace and F. H. Stubbings eds. , *A Companion to Homer*, London, 1962, pp. 234-266;F. M. Turner, "The Homeric Question", in Ian Morris and Barry B. Powell eds. , *A New Companion to Homer*, Leiden: Brill, 1997, pp. 123-145。

这些古老的"荷马问题"(Homeric Questions)至今没有公认的答案。从文学批评的角度来讲,荷马问题的关键在于《伊利亚特》和《奥德赛》是否具备艺术原创性和统一性(artistical originality and unity)。在现代荷马研究界,围绕上述问题而形成的争论最终分化为两种极端的观点(当然,在二者之间存在各种各样的过渡立场):一方认为《伊利亚特》和《奥德赛》是由平庸的编者拼贴而成的"劣质大杂烩",①另一方认为这两部史诗是同一位伟大的诗人极尽天赋和才华的不朽杰作。与这一争论密切相关的问题是:荷马史诗是口头作品还是书面作品?研究者在上述争论中采取的立场在很大程度上取决于对于这个问题的回答,这是因为,荷马史诗的庞大规模和复杂结构导致我们很难接受单个诗人以完全口头的方式创作出《伊利亚特》和《奥德赛》的可能性,而诗歌的艺术原创性和统一性又在很大程度上依赖于诗人基于独特理念的个人创作。

18世纪末期以来,正是由于大多数古典学者否定了荷马掌握书写能力的可能性,导致现代荷马研究的"统一派"(Unitarians)和"分析派"(Analysts)之争呈现出后者占据绝对统治地位的局面。然而,这场争论在20世纪中期开启了新的一页:一方面,口头创作理论的巨大突破,导致书写对于长篇史诗的创作来说不再必不可少;另一方面,考古发现和历史研究的进展将荷马史诗的创作与书写的重新发明大约置于同一个时代,令荷马从事书面创作变得可能。② 这两方面的变化合力

---

① 虽然"劣质大杂烩"(miserable piece of patchwork)这一说法源自英语学界对德国古典学者维拉莫维茨-默伦多夫(Ulrich von Wilamowitz-Moellendorff)的误解(参见 Veronika Petkovich, "A 'Miserable Piece of Patchwork'", in *The Classical World* 96[2003], pp. 315-316),但是它的确适用于许多分析论者对于荷马史诗的判断,见 Davison, "The Homeric Question", p. 250; Turner, "The Homeric Question", pp. 137-138; Frederick M. Combellack, "Contemporary Unitarians and Homeric Originality", in *The American Journal of Philology* 71 (1950), p. 341。相比之下,古代关于荷马其人和荷马史诗的诸多争论不曾撼动《伊利亚特》和《奥德赛》的经典地位以及荷马的作者身份,见 Davison, "The Homeric Question", pp. 238-242。

② L. H. Jeffery, *The Local Scripts of Archaic Greece: A Study of the Origin of the Greek Alphabet and Its Development from the Eighth to the Fifth Centuries B. C.*, Oxford: Clarendon Press, 1961, pp. 10-57; H. L. Lorimer, *Homer and the Monuments*, London: Macmillan, 1950, pp. 526-527; G. S. Kirk, *Homer and the Epic: A Shortened Version of The Songs of Homer*, Cambridge University Press, 1965, pp. 10-11, 197-201.

扭转了争论的局面:20 世纪中期以来的荷马研究不再主要由创作方式的口头和书面之争决定荷马史诗是否可能具备原创性和统一性,而是要求基于对荷马史诗的原创性和统一性的实际考察来判定其创作方式,这也导致荷马问题的研究方法逐渐从文本批评(textual criticism)回归于文学批评(literal criticism),而争论的焦点也逐渐集中在荷马史诗自身的艺术手法和思想价值。在本文的主体部分,我们将对 18 世纪以来现代荷马研究史的一些重要成果进行评述,在此基础上,我们将以《伊利亚特》为重点讨论对象,为统一论提供一份新的辩护。

荷马史诗的统一性包含两个方面:形式的统一性和内容的统一性。前者指的是诗歌呈现的框架结构和情节脉络构成了一个有机整体,后者指的是诗歌表达的道德系统和思想观念构成了一个有机整体。尽管荷马史诗在上述两方面的统一性都是极具争议的,但是从现代研究史的实际状况来看,对于内容统一性的判断具有极强的主观性,而形式统一性的判断则是相对客观的。以《伊利亚特》第九卷阿基琉斯对使团的拒绝为例,这个桥段在一些学者看来完全不可理喻,以至于证明该卷是后人添加的伪作,而在另一些学者看来却展现了英雄价值的最高境界,以至于证明改卷是整部史诗的精神核心。① 相比之下,在整部史诗叙事的时间跨度中,阿基琉斯对使团的拒绝发生在时间线的正中心,这一点则是毫无争议的。② 因此,本文的主要任务在于从相对客观的形式统一性出发,论证荷马史诗(特别是《伊利亚特》)是单个诗人(我们不妨称他为"荷马")在一定程度上运用书写进行创作的结果,从而推翻研究界通常用以否定荷马史诗之内容统一性的主要根据,即荷马史诗是非个人的口头创作的产物。以此为前提,我们就有充分的理由运用传统的文学批评方法来研究荷马史诗的文本意义和思想信息,进而判断荷马史诗究竟是否具有内容方面的统一性,并挖掘其统一性的精

---

① 比如可参 George Grote, *A History of Greece*, *Volume* 2, Boston: John P. Jewett & Company, 1852, pp. 178-184; Walter Leaf, *A Companion to the Iliad*, *for English Readers*, London and New York: Macmillan and Co. , 1892, pp. 23-24; Kirk, *Homer and the Epic: A Shortened Version of The Songs of Homer*, pp. 112-113; James Redfield, *Nature and Culture in the Iliad: The Tragedy of Hector*, The University of Chicago Press, 1975, p.3ff.

② 关于《伊利亚特》的戏剧时间跨度究竟有多长,在研究界存在争议,但是在任何一种算法中,第九卷都处在时间线的中心位置。

神实质。不过,这个进一步的任务已经超过了本文的写作范围。

二

沃尔夫(Friedrich A. Wolf)于 1795 年出版的《荷马绪论》开启了现代研究界对于荷马问题的探究。① 沃尔夫认为,荷马生活在公元前 10 世纪,当时希腊人尚未重新发明书写,因此,荷马只能以口头的方式进行创作,其作品不可能是《伊利亚特》和《奥德赛》这样的长篇巨制,而是短小得多的诗歌。这些诗歌经过后人口头传承了 4 个世纪之久,其间发生许多改动,甚至增加了后人创作的诗篇。最终,所有这些归于荷马名下的诗歌于公元前 6 世纪在庇西特拉图(Peisistratus)统治下的雅典被收集、整理、编辑,成为《伊利亚特》和《奥德赛》。

沃尔夫是现代分析派的先驱,受他影响,19 世纪"几乎每一个德国古典学者都或多或少接受了'多个作者论'……他们阅读荷马史诗的时候总是在寻找情节、风格和用语的不一致",②特别是诗歌叙事中的时代错误(anachronism)和前后不一致(inconsistency)。然而,分析派看似科学的研究方法其实隐藏着对于作品性质的深刻误解。史诗的意图并不是还原历史的真实,因此,诗人能够自由运用、安排和组合他所继承和掌握的来自迈锡尼时代、黑暗时代以及同时代的所有材料,而完全不必顾忌时代错误问题。③ 根植于口头传统的长篇作品在叙事细节方面出现一些前后矛盾之处也是完全正常的现象,在实际的表演中,无论是诗人还是听众都不见得真正在意这些细节;此外,一些表面上的前后矛盾之处其实是诗人为了实现特定的艺术效果而刻意为之。④ 除了基

---

① Friedrich A. Wolf, *Prolegomena to Homer*, 1795, translated with introduction and notes by Anthony Grafton, Glenn W. Most, and James E. G. Zetzel, Princeton University Press, 1985.

② 参见 Davison, "The Homeric Question", pp. 247 – 248; Turner, "The Homeric Question", pp. 127 – 128.

③ H. T. Wade-Gery, *The Poet of the Iliad*, Cambridge University Press, 2013, pp. 35 – 37; Cedric H. Whitman, *Homer and the Heroic Tradition*, W. W. Norton & Company, 1965, p. 27.

④ C. M. Bowra, *Tradition and Design in the Iliad*, Oxford: Clarendon Press, 1930, pp. 299 – 300, 比较 pp. 305 – 306; Turner, "The Homeric Question", p. 133。

于时代错误和前后不一致而对史诗的各部分进行拆解和鉴定之外,不少分析论者的更为实质的研究思路,同时也是对于沃尔夫的研究方法的更为忠实的贯彻,是从(在他们看来)由后人拼合而成的史诗文本中区分出荷马的原初杰作,以便还原纯正的荷马史诗。① 然而,抛开各路分析论者无法就原初诗歌和后人添加成分的辨认达成共识不谈,从根本上讲,其研究方法实际上仍然是用 19 世纪典型的科学实证主义标准来批评荷马史诗的文本,这种处理方式对于任何诗歌来说都是不恰当的。② 而从更深的意义上讲,分析论的真正根源其实在于一个简单的事实,那就是研究者以远逊于荷马的精神容量来度量其作品的复杂结构,基于各自在理解能力和感受能力等方面的不同局限来武断裁剪史诗。③ 在很大程度上,正是分析派阵营内部五花八门、相互冲突的思路和结论导致"整个分析方法毁于自身的天才"。④

　　让我们回到 19 世纪分析派阵营的根本前提:首先,荷马不会书写;其次,书写对于长篇史诗的创作来说是绝对必要的。到了 20 世纪中叶,美国学者帕里(Milman Parry)对于荷马程式系统和口头创作方式的研究从理论上证明了口头诗人不再需要书写来帮助他们创作长篇作品,从而推翻了上述第二个前提。另一方面,新的考古发现和历史学研究的进展将书写的重新发明与荷马的生活年代一同置于公元前 8 世

---

① 这些分析论者和沃尔夫的区别在于,前者认为从荷马的原作到后人的添加和扩展是一个艺术统一性遭到破坏的退化过程(参见 Leaf, *A Companion to the Iliad, for English Readers*, pp. 26 - 27),而后者则认为从荷马最初创作的短诗到《伊利亚特》和《奥德赛》的成型是一个逐步实现高度艺术统一性的进化过程。进化论以牺牲荷马的作者地位为代价承认了史诗的艺术统一性,而退化论则以牺牲现存史诗的艺术统一性为代价保留了荷马的历史地位,双方都不承认单个诗人能够创作出具备高度艺术统一性的长篇史诗。

② Whitman, *Homer and the Heroic Tradition*, pp. 1 - 3; Turner, "The Homeric Question", pp. 123 - 126, 144 - 145;比较《诗学》1461b11 - 12:"就诗歌而言,可信的不可能性要比不可信的可能性更可取。"

③ 以《伊利亚特》为例:拉赫曼(Karl Lachmann)认为这部史诗是由许多个"诗歌层"组合而成的,而格罗特(George Grote)的观点与沃尔夫更为接近,认为这部史诗是由荷马创作的一部以阿基琉斯的故事为核心的诗歌扩展而成的(Davison, "The Homeric Question", pp. 249 - 250; Turner, "The Homeric Question", p. 132)。问题在于,我们无法用分析派自身的方法来判定他们的观点孰优孰劣。

④ Whitman, *Homer and the Heroic Tradition*, p. 3.

纪,为研究界重新开启了荷马运用书写创作《伊利亚特》和《奥德赛》的可能性,从而推翻了上述第一个前提。这两方面的发展共同改变了荷马问题的研究面貌,也让统一论和分析论之争在全新的基础上展开。

三

让我们从帕里的划时代研究谈起。① 帕里的主要贡献是发现了"荷马程式系统"(Homeric formulaic system)的严密规则。② 荷马史诗充满了重复,即便是不懂希腊文的现代读者,通过阅读相对忠实的译本也很容易发现大量反复出现的词语、短语、诗句、段落、场景描述、情节序列。事实上,荷马史诗的绝大部分语言都是由这些"程式化元素"(formulaic elements)构成的,它们是史诗的基本材料,而诗人正是通过对于这些元素的安排来进行创作的。基于细致的分析,帕里发现,荷马史诗的程式化元素构成了一个庞大而完整的系统,几乎没有任何对象是无法用程式语言来表达的;进一步讲,该系统最鲜明的特征在于它是极度"经济"(economic)或者"节省"(thrift)的:除了极少数例外,在任何一行诗句中,"对于一个特定的观念(idea)和一个特定的节律位置(metrical space)来说,有且只有一个可用的程式(formula)"。③ 面对如此严密的规则,诗人几乎在诗歌的任何部分都不具备选择用语的自由,甚至在某些地方会因为受限于程式之间的传统搭配而无法实现准确的表达。④

---

① 帕里的研究分为两个阶段:第一个阶段是 20 世纪 20 年代对荷马史诗的程式化用语的文本研究,第二个阶段是 1933-1935 年对现代南斯拉夫口传诗歌的田野调查。由于帕里的意外早逝,这些田野调查的研究成果及其理论意义直到 60 年代才被他的同事洛德(Albert B. Lord)发表,而帕里生前的数篇文章由其子帕里(Adam Parry)编辑成册:Milman Parry, *The Making of Homeric Verse*: *The Collected Papers of Milman Parry*, Adam Parry ed., Oxford University Press, 1971。对于帕里理论的介绍和辩护,参见 Lord, "Homer, Parry, and Huso", in *American Journal of Archaeology* 52 (1948), pp. 34-44; Nagy, "Homeric Questions", p. 24ff。

② 对于荷马程式系统的一份精简而准确的概述,参见 Kirk, *Homer and the Epic*, pp. 4-9。

③ Whitman, *Homer and the Heroic Tradition*, p. 7.

④ Denys Page, *History and the Homeric Iliad*, Berkeley and Los Angeles, 1960, pp. 225-226.

然而,这正是程式系统对于口头创作的意义所在:以牺牲表达的自由为代价,这一系统塑造的诗人获得了"在表演中创作"(composition-in-performance)的技术和能力:

> 在不存在书写的情况下,诗人得以创作诗句的唯一方式在于拥有一套提供现成短语的程式语系(formulaic diction),使他能够毫不犹豫地让这些短语形成连续不断的铺展,从而填充他的诗行,组成他的句子。①

在即兴创作的每一刻,诗人想要在特定的节律位置表达的特定观念几乎总是只有一个恰好对应的程式,随着诗歌节律的流动,不同程式的组合构成了诗句与段落,讲述着特定的主题,而一系列主题的前后相继或者结构性呼应就形成了整首诗歌。正是以这种方式,一个熟练掌握程式系统的口头诗人不需要书写的帮助也能够创作长篇史诗。

帕里的口头创作论推翻了 19 世纪分析论的一个重要前提,即掌握书写是创作长篇史诗的必要条件。② 然而,由于程式系统的高度机械性,该理论对传统的统一论也构成了巨大的威胁,因为它几乎彻底取消了诗人进行自由创作的可能,从而倾向于将史诗的产生归结于以程式系统为核心的口头传统。用帕里自己的话来说:

> 诗人以程式的方式进行思考……他从来不会为了某个此前未被表达过的观念寻找对应的语词,因此,风格上的原创性问题对他来说是毫无意义的。③

在这个意义上,虽然帕里的发现堪称"现代荷马研究的第二次伟

---

① Parry, "Homer and Homeric Style", in *The Making of Homeric Verse*, p. 138.

② 帕里对于传统分析论更为根本的瓦解在于他所揭示的程式系统的均质性和融贯性。从拉赫曼开始,许多分析论者的主要工作在于分辨荷马史诗源自不同诗人和不同时期的组成部分,但是根据帕里的理论,荷马史诗真正的组成部分是程式,而程式系统又是一代代诗人在漫长的口头传统中逐渐积累打磨而成的,该系统在荷马史诗中展现出的均质性和融贯性使得拉赫曼式的分析不再可能。

③ Parry, "Homer and Homeric Style", pp. 146–147.

大转折点",①但是其根本的思路其实回到了沃尔夫的"进化理论",不同之处在于,沃尔夫认为荷马史诗的成型是从口头传承到书面整编的历史产物,而帕里则提出产生荷马史诗的程式系统是口头传统漫长积累的结果。② 这种积累的具体机制,在帕里最主要的追随者和捍卫者洛德(Albert B. Lord)的代表作《故事的歌手》中获得了系统的阐述。③ 洛德将他和帕里对于现代南斯拉夫口头史诗的田野调查应用于荷马史诗的研究,在程式和主题(theme)这两个方面论证口头诗歌的传统性。他强调,口头创作的基础是诗人在漫长的学徒和表演生涯中习得的传统程式系统和传统主题库,个别诗人不仅"不会有意识地废除传统的词语和插曲,他受表演中的快速创作所迫而使用这些传统的要素",而且"不同主题之间的习惯性关联……源自传统的深处,通过传统程序的运作获得不可避免的表达"。④ 以这种方式,诗歌传统通过一代又一代诗人的口头创作建立起一个"稳定的叙事骨架",这才是史诗的"本质核心"。⑤ 洛德据此断言:

> 从古至今,我们一直误入歧途,没能理解荷马的诗艺及其伟大之处的真相……我们曾调动我们的想象力和智慧,在荷马史诗中寻找一种不相关的统一性、个别性、原创性。⑥

到了 20 世纪末期,帕里最优秀的继承者纳吉(Gregory Nagy)将口头传统的进化理论发展到了极致。基于精深的语言学和历史学研究,纳吉将荷马程式系统自身的生成追溯至希腊民族用诗歌的方式讲述英雄主题的需要,甚至提出,六部格律本身就是诗歌语言为了精确表述英雄主题而对于自身的形式结构进行长达上千年的持续调节

---

① Whitman, *Homer and the Heroic Tradition*, p. 4.

② 韦德-格里将帕里称作"荷马研究界的达尔文",而沃尔夫早在 19 世纪就受到过类似的批评,参见 Wade-Gery, *The Poet of the Iliad*, pp. 38 – 39。

③ 20 世纪 30 年代,洛德与帕里一同前往前南斯拉夫,对当地的口传诗歌进行田野调查。以详尽的调查数据为基础,洛德系统阐述并且进一步发挥了帕里关于口头诗歌的理论,主要参考 Lord, *The Singer of Tales*, Cambridge, MA: Harvard University Press, 1960,中译本参阅洛德,《故事的歌手》,尹虎彬译,中华书局,2004 年。

④ Lord, *The Singer of Tales*, pp. 4, 65, 78, 97 – 98.

⑤ Ibid. , p. 99.

⑥ Ibid. , pp. 47 – 148.

的结果。纳吉的研究很好地克服了程式系统的机械性问题,从而扭转了口头创作论侧重程式而忽视主题的局面。① 在其名著《最好的阿开奥斯人》中,纳吉深入分析了贯穿《伊利亚特》和《奥德赛》的一系列关键词和多个中心主题之间的关联,展现了荷马史诗在"关键词展布"(deployment of keywords)和艺术统一性之间形成的精确对应,并指出,正是这种对应展现了荷马史诗对于形式和内容的完美结合。② 然而,与持荷马个人创作论的传统统一论者不同,③纳吉完全取消了荷马作为个别诗人的地位,提出:"关键不在于荷马的天才,而在于以我们的《伊利亚特》和《奥德赛》为顶峰的整个诗歌传统的天才";荷马史诗的"统一性或完整性源于史诗生成中创作、表演、扩散的充满活力的互动"。④

纳吉极度强调诗歌传统的磨合而低估个别诗人创造力的观点造成的一个重要后果便是,他虽然能够很好地解释荷马史诗的风格统一性(形式和内容的完美配合),但是无法真正阐明荷马史诗在世界观和人性论、道德风格和精神取向方面的高度统一。事实上,纳吉并不认为荷马史诗包含这种更加实质的统一性,在他看来,根本就不存在一个统一的"荷马世界",相反,研究者应该对荷马史诗包含的"历时性和共时性的诸维度"进行分析。⑤ 纳吉对于荷马问题的处理主要在于阐述这些不同的维度如何在口头传统漫长的进化过程中逐渐整合为成型的《伊

---

① Nagy, *The Best of the Achaeans*, The Johns Hopkins University Press, 1979, pp. 2–3. 纳吉提出,"虽然从描述性的视角来看,确实是节律规定了用语,但是从历史的视角来看,这一调节只是一个更加基本的原则的后果,即最终是主题规定了用语……主题是创作《伊利亚特》和《奥德赛》这类传统诗歌的统摄性原则"。事实上,亚里士多德早就在《诗学》中表达了相似的看法,参见《诗学》1460a2–5。

② Nagy, *The Best of the Achaeans*, p. 4.

③ 在19世纪,沃尔夫理论给荷马研究界造成的最大冲击是荷马史诗的多重作者问题,作为对此的回应,传统的统一论在很大程度上就是荷马个人创作论。例如,尼策(G. W. Nitzsch)认为,荷马汇集和改进了前人的诗歌,以自己的天才诗艺创作了《伊利亚特》和《奥德赛》,赫尔曼(G. Hermann)则提出"核心理论"(kernel theory),认为荷马创作了两首短诗,确定了诗歌的核心情节,后辈诗人以此为基础进行添加、扩展和改编,最终形成《伊利亚特》和《奥德赛》。参见 Turner, "The Homeric Question", pp. 133–134。

④ Nagy, *The Best of the Achaeans*, pp. 3–5.

⑤ Ibid. , p. 28.

利亚特》和《奥德赛》，但是关于这个进化过程的实质，他只给出了一个相当空洞的说明，那就是新兴的城邦世界对于统一的泛希腊文化的需要。① 统一的文化需要统一的经典，这是不言而喻的，然而，《伊利亚特》为何统一于阿基琉斯的愤怒，《奥德赛》为何统一于奥德修斯的回归？公元前 8 世纪以来的城邦世界为何选择这两位截然不同的英雄作为泛希腊文化的精神代表？虽然纳吉为我们探索上述问题提供了颇有启发性的线索，但是他自己并没有给出系统的答案。例如，他极具洞察力地指出，作为两部荷马史诗的主角，阿基琉斯和奥德修斯在完全不同的意义上是"最好的阿开奥斯人"，他们的对立其实象征着力量和技艺、自然和习俗的对立。② 然而，纳吉对英雄观念的研究更加侧重荷马史诗的英雄叙事和英雄崇拜(hero cult) 之间的历史关系，而未能深入挖掘上述对立所展现的古希腊文化逻辑和精神结构，这当然和他对传统的强调密切相关。荷马史诗固然完成了对各个地方英雄崇拜的泛希腊整合，这是它在口头传统中集大成地位的展现，然而，它更为重要的历史意义其实在于对英雄道德的系统呈现和深刻审视，这才是其精神实质的统一性之所在。③

我们认为，正是这种难以通过口头传统的自然进化而产生的精神统一性使得我们必须严肃对待如下观点：一位名叫荷马的诗人，基于历史悠久的诗歌传统，以自己对于英雄价值之高贵与界限的独特洞察，在公元前 8 世纪创作了《伊利亚特》和《奥德赛》。不过，由于围绕荷马史诗的内容统一性的争论向来是极为主观的，基于内容统一性来判断创作方式的论证几乎注定是缺乏说服力的。我们已经看到，帕里、洛德，甚至纳吉，都不承认荷马史诗具备严格意义上的内容统一性。然而，在笔者看来，妨碍这一派学者承认荷马史诗的内容统一性的真正原因仍然是他们对于诗歌口头性与传统性的过度强调。要想解除这一障碍，我们需要从荷马史诗(特别是《伊利亚特》)的相对客观的形式统一性出发，论证其创作包含了高度个人的，甚至书面的维度。如果我们的观点成立，那么诗人荷马背后的口头传统就并不妨碍我们将其作品视作通常意义上的文学，并运用传统的文学批评方法来研究其文本；而唯有

---

① Nagy, *The Best of the Achaeans*, pp. 115-117.

② Ibid., pp. 24-25, 45-49.

③ 参见 Kirk, *Homer and the Epic*, pp. 99-101, 112-113。

回归传统的文学批评方法,我们才能从整体上把握荷马史诗的精神信息和思想意义。

四

20 世纪以来的荷马研究界见证了统一论的复兴。① 作为其中最优秀的代表之一,惠特曼(Cedric H. Whitman)在充分吸纳帕里和洛德的口头创作论的前提下,坚持认为《伊利亚特》是诗人荷马的个人创作。在惠特曼看来,无论是成型的程式系统还是现成的主题库都丝毫不会影响荷马的原创性。一方面,任何语言都或多或少是程式化的,而诗人的任务本来就不在于创造语言本身,而在于将现有系统中可用的单位转化为富有象征意味的艺术品;另一方面,人类可理解的故事主题和叙事情节的可能性从来都是有限的,而诗人的独创并不一定要求构想全新的题材,而完全可以展现为对现有题材进行独具匠心的安排和更加深入的审视,从而更为充分地展现其内含的精神视野。②

在其代表作《荷马和英雄传统》中,基于对《伊利亚特》的形式结构的细致分析,惠特曼将这部史诗在整体设计方面的创造归结于"安提卡几何时代"(Attic Geometric Age)的精神氛围,提出:"荷马史诗结构的奥秘(至少对于《伊利亚特》而言)在于公元前 8 世纪晚期几何对称风格的心理机制对口头技术的整合。"③几何艺术(Geometric art)和荷马史诗共享了大量英雄神话的主题,其中许多都取自特洛伊战争的故事,体现了公元前 8 世纪新兴的城邦世界(特别是雅典)试图与荣耀的迈锡尼时代重建联系的文化努力;④不仅如此,二者在艺术风格上也是相通的。惠特曼认为,迈锡尼艺术是自然主义的、描述性的、静态的、平

---

① Combellack, "Contemporary Unitarians and Homeric Originality", pp. 337-339.

② Whitman, *Homer and the Heroic Tradition*, pp. 14-15. 汉语学界对惠特曼的荷马研究的评述,参考陈戎女,《论塞德里克·惠特曼的荷马研究》,载《国外文学》2007 年第 2 期。

③ Whitman, *Homer and the Heroic Tradition*, p. 10. 对于该观点的批评,见 Kirk, *Homer and the Epic*, pp. 58, 187-188。

④ Hana Bouzková and Jan Bouzek, "Homer and the Geometric art", in *Listy filologické/Folia philologica* 89 (1966), pp. 425-427.

面化的,具有强烈的装饰性色彩,而几何艺术是形式主义的、叙事性的、动态的、戏剧化的,充满心理和情感的强度和深度,后者与荷马史诗的艺术风格极为接近。① 更重要的是,几何艺术和荷马史诗的创作理念都是通过"有意识的展布和理性控制"来赋予传统元素以新的形式结构和整体设计:

> 正如荷马的程式,几何花瓶上的样式化(conventionalized)的鸟、马、人和船只也有着悠久的传统和历史……它们被组织为一个更大的整体,其轮廓由它们所填充的陶器表面来设想和控制……和几何花瓶的基本图案类似,荷马的程式也是固化的传统元素,它们是口头史诗的基本建筑材料(building blocks)。②

惠特曼强调,几何艺术和荷马史诗整合传统元素的主要方式是将它们纳入一个外在(exterior)的轮廓形状或者剧情结构。③ 和纳吉从关键词出发串联诗歌中心主题的方式不同,惠特曼更加重视史诗整体性的"形式"或者"外观"($\varepsilon\iota\delta o\varsigma$),正是在这个意义上,他将几何时代的精神概括为"希腊形式感的首次成熟发展",④而荷马史诗就是这种"成熟形式感"的文明成果。当然,荷马史诗的形式结构远比任何几何艺术作品都更具原创性和个体性,这是叙事艺术和视觉艺术自身的差异造成的,正如惠特曼所言,"荷马身后的传统更长,而且在任何文化的历史中,诗歌或许都应该走在造型艺术的前面"。⑤

在《伊利亚特》这部"最希腊"的史诗中,荷马对"几何精神"的运用主要体现为不同的主题和情节在"环形结构"(ring composition)中的对称与平衡、并列和呼应。惠特曼详尽分析了这种结构如何决定了《伊利亚特》的分卷,他发现,总的来说,这部史诗(除去有争议的第10卷,后文将补充讨论该卷的结构意义)的分卷结构和几何艺术典型的

---

① Whitman, *Homer and the Heroic Tradition*, pp. 88 - 90.

② Ibid. , pp. 90 - 91.

③ Ibid. , pp. 96 - 97.

④ Ibid. , p. 284.

⑤ Ibid. , pp. 91 - 92.

宽窄图案间隔比例一样,都是 2∶5 的重复,因而整部诗歌总共 23 卷的结构如下:①

第 1-2 卷—第 3-7 卷—第 8-9 卷—第 11-15 卷—第 16-17 卷—
　　2　　　　5　　　　2　　　　　5　　　　　2

第 18-22 卷—第 23-24 卷
　　5　　　　2

　　其中,第 1-2 卷和第 23-24 卷的对应是极为明显的:首先,第 1 卷和第 24 卷的呼应构成了全诗的中心情节——阿基琉斯的愤怒的起点和终点,这一愤怒始于阿基琉斯和阿伽门农的争吵,止于阿基琉斯和普里阿摩斯的和解;其次,第 2 卷和第 23 卷的呼应对比了英雄共同体在阿伽门农统帅下的纷争和在阿基琉斯主持下的团结。因此,这四卷所揭示的史诗最外层结构不仅见证了主角阿基琉斯的成长,完成了其性格和命运的悲剧,而且分别在个人和共同体的层面展现了英雄世界的斗争与联合、混乱与秩序这一根本主题。第 3-7 卷和第 18-22 卷分别以"狄奥墨得斯的伟绩"和"阿基里斯的伟绩"为核心,其中,第 3-7 卷巧妙安排了大量属于特洛伊战争早期的事件,②交代了战争的前因后果,让许多重要的配角纷纷登场并刻画其形象,特别是作为阿基琉斯重要衬托的狄奥墨得斯,而第 18-22 卷则集中讲述阿基琉斯为帕特罗克洛斯复仇的过程,是其战斗行动的高潮、英雄特质最高程度的展现,标志着特洛伊战争的最后阶段,并且预示了这场战争的结局和战后的故事。惠特曼更是精彩地指出,狄奥墨得斯和阿基里斯的伟绩分别是英雄的喜剧和悲剧。③ 第 8-9 卷和第 16-17 卷的对应不再那么严密,但是荷马仍然安排了重要的结构性线索:宙斯许诺给忒提斯的

① 下文对于《伊利亚特》分卷结构的分析仅仅粗略地概括了惠特曼极其详尽细致的讨论(Ibid., p. 255ff)。值得一提的是,惠特曼提出,《伊利亚特》环形结构的对称性呈现出从外层到内层逐渐松弛的趋势,这一点既符合该结构的"边框"(frame)功能,也和几何艺术的特点相一致(Ibid., pp. 258-259)。

② J. Scott, "The Assumed Duration of the War of the *Iliad*", in *Classical Philology* 8 (1913), pp. 445-456.

③ Whitman, *Homer and the Heroic Tradition*, p. 265, 270.

计划始于第 8 卷(帮助赫克托尔实现其伟绩),终于第 17 卷(赫克托尔
杀死帕特罗克洛斯,两军争夺后者的尸体);①阿基琉斯在第 9 卷拒绝
了阿伽门农派来请求他出战的使团,后来在第 16 卷接受了帕特罗克
洛斯代替他出战的提议。上述两组对应之间存在密切的联系:宙斯给
忒提斯的许诺是要满足阿基琉斯的愿望,以牺牲阿开奥斯人为代价恢
复他的荣誉,然而,阿基琉斯并不知道,在宙斯满足他愿望的计划中,
最终将会牺牲的恰恰是他最爱的一个阿开奥斯人,作为其"另一个自
我"(alter ego)的帕特罗克洛斯。② 最后,若忽略可能是后人添加的第
10 卷,那么处于第 9 卷和第 16 卷之间的就是占据整部史诗分卷结构
之中心位置的第 11-15 卷的"大战役"(Great Battle),正是这场宏大的
战斗决定性地实现了宙斯的计划,从而规定了阿基琉斯的悲剧性命
运。基于完美对称的需要,惠特曼建议删去第 10 卷,认为该卷是雅典
僭主庇西特拉图后来添加的,"删除它不会对诗歌产生任何破坏"。③
不过,考虑到史诗毕竟不是视觉艺术,而是叙事艺术,第 10 卷的存在
其实非常合理。虽然破坏了完美的对称,但是对情节而言,第 10 卷位
于关键的转折(第 9 卷,阿基里斯拒绝使团)发生之后、中心的高潮(第
11 卷,大战役开始)到来之前,利用一个相对轻松的过渡性桥段巧妙
调节了叙事的节奏。因此,《伊利亚特》的整个分卷系统都呈现出高度
统一的形式结构。④

　　然而,由此导致的一个重要问题便是:如果《伊利亚特》是一部

---

① 参阅《伊利亚特》17.544-546:"她(雅典娜)从天而降,雷声远震的宙斯派她来
　鼓励达那奥斯人;他的心已转向他们。"

② Nagy, *Best of the Achaeans*, pp. 33-34, 292-293.

③ Whitman, *Homer and the Heroic Tradition*, pp. 283-284.

④ 此外,根据惠特曼的分析,《伊利亚特》在戏剧时间方面也呈现出完美的对称性
　(Ibid., p.257):时间线的中心是第 28 天,也就是第 9 卷的使团一幕,其前后各
　有 1 天(第 27、29 天)发生了决定性的战斗,另各有 3 天(第 24-26、30-32 天)
　分别用作战斗、埋葬死者、其他活动(修筑城墙、举行竞技),而在此之前的 23
　天包括克律塞斯的恳求(第 1 天,1 天)、瘟疫(第 2-9 天,9 天)、集会和争吵
　(第 10 天,1 天)、送还克律塞伊斯(第 11-23 天,12 天),在此之后的 23 天包括
　阿基琉斯虐待赫克托尔的尸体触犯神怒(第 33-44 天,12 天)、伊里斯鼓励普
　里阿摩斯前去讨回赫克托尔的尸体(第 45 天,1 天)、准备赫克托尔的葬礼(第
　46-54 天,9 天)、赫克托尔下葬(第 55 天,1 天)。全部 55 天构成了完美的对
　称:(1-9-1-12)-(3)-1-1-1-(3)-(12-1-9-1)。

完全口头的作品,诗人如何可能在一边表演一边创作的过程中安排如此庞大复杂的结构?惠特曼似乎并没有意识到这个问题给口头理论带来的困难。① 关于荷马史诗的创作,惠特曼和帕里、洛德的观点看似完全相反,后者极其强调诗歌传统对于个人创作的支配,以至于提出诗人不可能具有任何真正意义上的原创性,甚至只能条件反射地运用程式和无意识地修正主题,②而前者则极其强调荷马的创造力,认为《伊利亚特》在形式和内容双方面的高度统一是这位伟大的诗人对于传统材料进行精心安排和艺术提炼的结果,展现出"一位处于其能力巅峰的成熟诗人的充满自觉的控制力"。③ 另一方面,惠特曼又完全接受了帕里和洛德的口头创作论,认为荷马史诗"从头到尾"都是口头创作的产物,其书面成文化只是为了更加长久稳固的保存,以便在泛希腊节日上进行统一的演出。④ 我们认为,惠特曼的个人创作论和口头创作论是难以相容的,其内在冲突恰恰在他自己对《伊利亚特》的结构分析面前暴露得最为明显:即便一个伟大的口头诗人能够在长期而反复的"表演兼创作"中不断熟悉其作品的框架、脉络与细节,但是规模如此宏大、结构如此复杂、细节如此丰富的作品无疑超越了个体诗人从事口头创作的能力极限,正如格林(William Greene)所言,我们"难以想象他(荷马)能够将他所完成的复杂结构和统一概观都储存于记忆之中"。⑤ 至此,我们不得不回到那个开启了现代荷马研究的根本问题:荷马是否运用了书写来创作荷马史诗?

---

① Ibid. , p. 256;比较 Kirk, *Homer and the Epic*, p. 186。需要注意的是,就规模、结构复杂性和艺术水平而言,帕里和洛德记录的现代南斯拉夫口头史诗,以及任何其他现代口头史诗和其他流传至今的古代史诗,都根本无法和《伊利亚特》和《奥德赛》等量齐观。

② Lord, *The Singer of Tales*, p. 65, 78.

③ Whitman, *Homer and the Heroic Tradition*, pp. 77, 92, 250, 254–255; Kirk, *Homer and the Epic*, pp. 196–197, 218–219.

④ Whitman, *Homer and the Heroic Tradition*, pp. 79–82.

⑤ William Chase Greene, "The Spoken and the Written Word", in *Harvard Studies in Classical Philology* 60 (1951), p. 31. 此外,纳吉彻底取消荷马作者地位的传统进化论同样无法解释《伊利亚特》的诞生,因为这部史诗在形式结构方面的设计如此精巧,不可能是各种诗歌元素在口头传统中相互磨合的自然结果。

五

历史上流传下来的荷马史诗毕竟是书面的作品,迄今为止,大多数研究者也同意荷马生活于书写已被发明的时代。然而,从风格和内容来看,荷马史诗也的确是基于程式系统和传统主题的口头作品。关于口头诗歌如何成文,洛德和纳吉给出了不同的解释。洛德认为,荷马用完全口头的方式创作了两部史诗,并且以口授(dictation)的方式使之成文,至于这一口授成文的过程是否对诗歌的创作产生了实质影响,他的立场似乎并不明确。在《故事的歌手》中,洛德否认了实质影响的存在:"在口授文本固定的过程中,书写的使用本身对口头传统没有任何影响。它仅仅是一个记录的工具。"[1]然而,在《荷马的原创性》一文中,他又提出口授作为一种独特的"表演"能够提供诸多创作方面的优势,其中最重要的一点在于,诗人不再受到正常表演速度的催促,从而"有足够的时间来思考他的诗行和诗歌……将他的故事发展至完备"。[2] 然而,洛德坚决排斥荷马自己运用书写进行创作的可能性,理由在于:荷马所处的时代刚刚见证了书写的重新发明,如此不成熟的创作技艺与荷马史诗的纯熟品质不符。[3] 纳吉反对洛德的口授成文论,提出了"口头成文"(oral textualization)论,从而进一步推进了口头创作论,甚至将洛德提到的那些口授带来的创作优势也一并取消。口头成文论在比喻的意义上使用"文本"这个概念,将荷马史诗的"成型文本"理解为统一和固定的口头表演版本。在"荷马问题"一文中,纳吉以"表演、创作、扩散"的历史性互动为核心线索,阐述荷马史诗在公元前 8 至 6 世纪的口头成文化过程。基于古风时代荷马史诗在整个地中海世界扩散的历史事实,纳吉指出,由于当时的书写技术尚不成熟、书面成品极为有限,这一扩散不可能是书面文本性的,只可能是口头表演性的,而新兴的城邦世界对于泛希腊文化的建构又需要统一的、固定的表演版本。扩散的事实与统一的需求相结合,形成一种成文化机制:诗歌扩散得越广泛,表演中容许再创作

---

[1] Lord, *The Singer of Tales*, p. 128.

[2] Lord, "Homer's originality: oral dictated texts", in *Transactions and Proceedings of the American Philological Association* 84 (1953), pp. 132–133.

[3] Ibid., p. 131.

的空间就越小,因而最广泛的扩散必然形成最统一和最固定的版本。这个成文化过程的"最终阶段的背景是泛希腊节日,比如雅典的泛雅典娜节",因为根据古代的记载,雅典立法规定,游吟诗人必须在该节日上按照次序轮流表演《伊利亚特》和《奥德赛》的官方版本,①这标志着荷马史诗的口头成文化的最终完成。② 纳吉还提出,荷马史诗的书面成文化要到公元前550年之后才可能完成,其中最重要的理由在于,早于该年代的书写记载都是短小的碑文和铭文,而且往往是以第一人称表述的诗句。纳吉据此认为,所有公元前550年之前的书写都不是创作,而只是记录,其实质是对于口头表演的书面模拟。③

洛德和纳吉的观点代表了口头创作论解释荷马史诗成文化的两种对立的思路。④ 然而,他们否定荷马运用书写的理由都是不充分的。洛德认为荷马史诗的纯熟品质决定了它不可能是当时尚不成熟的书写技艺的产物,但是,我们本来也没有必要认为荷马执笔一字一句地写下了《伊利亚特》和《奥德赛》。⑤ 整体的设计、结构的安排、情节脉络的走向以及由此而产生的局部调整的需要,这些是口头创作极难实现的,至少难以在一个宏大的规模构建中同时顾全所有局部的细节调整。然而,要完成这类任务却只需要最初级的书写能力和最简陋的书写条件。很有可能的是,在史诗成文化的过程中,书写对于创作最根本的贡献是将流动不居的听觉经验转化为静态可控的视觉布局,从而让诗人能够同时在宏观和微观的层面处理诗歌的结构与细节,这使得磅礴丰富的口传遗产在程式与主题、形式和内容、结构和细节之间的完美磨合在单个诗人的艺术生涯中可能完成。⑥ 就此而言,默里(Oswyn Murray)在《早期希腊》中的概括是颇为准确的:

---

① Wade-Gery, *The Poet of the Iliad*, p. 77, n. 77.

② Nagy, "Homeric Questions", pp. 31 –53.

③ Ibid., pp. 34 –36.

④ 这两种思路可以概括为"荷马作者论"和"传统进化论"。在口头创作论内部,二者之间又存在各种中间立场,例如,柯克认为,荷马在公元前8世纪口头创作了《伊利亚特》的主体,此后,经过几代歌手和游吟诗人的增添和扩展,以及公元前6世纪在雅典和公元前2世纪在亚历山大里亚的编辑而最终成型(Kirk, *Homer and the Epic*, pp. 208 –217)。

⑤ Parry, "Homer and Homeric Style", pp. 138, 144.

⑥ Greene, "The Spoken and the Written Word", pp. 26, 30 –31.

一个伟大的艺术家可能就站在口传史诗传统的终点,他既依赖于其先驱者的成就,也改造着他们的技艺……在从口传文化向书面文献转变之时,转变通常为传统诗人尝试创作规模宏大、结构复杂的诗歌提供了动力,它仍然以口传技艺为基础,但利用了新媒介所提供的保存与总体规划的可能性。①

至于纳吉基于早期碑文和铭文的性质而将荷马史诗的书面成文时间推迟至公元前550年之后的论点,书写创作论最激烈的捍卫者韦德-格里(H. T. Wade-Gery)早就提出过有力的反驳:能够保存下来的碑文和铭文本来就只适用于记载短小的诗句,而荷马史诗这样的鸿篇巨制只可能写在极易朽坏的纸莎草纸或者兽皮纸上,因此,最早的手稿未能保存至今是很正常的。② 此外,纳吉对于早期碑文和铭文普遍采纳第一人称口吻的强调其实是不相关的。即便公元前550年之前所有的碑文和铭文都是在用文字模拟表演,这种沿用口头呈现方式的风格偏好和书写参与创作的可能性也丝毫没有矛盾,毕竟,荷马史诗本身就是第一人称的叙事文体。③ 最后,既然我们不能排除书写参与创作的可能性,我们也就不能排除公元前8世纪存在一份荷马史诗的权威文本的可能性,而这就取消了纳吉的口头成文论的重要前提——史诗的早期扩散只可能是表演性的,不可能是文本性的。事实上,在古风时代,荷马史诗完全可能以一份权威的书面版本为基础而发生"表演中的扩散"(diffusion-in-composition)。④

帕里曾这样表述口头创作论的目标:"此项研究的目的是要精确地把握口头叙事诗歌的形式,考察它在哪些方面异于书面叙事诗的形式。"⑤口头创作论者认为,荷马史诗的形式是完全口头的,它的创作根植于程式语言和主题结构的传统体系。从帕里对于程式规则系统的研究,到洛德对于诗歌传统支配口头创作之方式的分析,再到纳吉提出的主题对于程式的历史性规定以及口头传统的进化学说,口头创作论构建

---

① 默里,《早期希腊》,晏绍祥译,上海人民出版社,2008年,页12。
② Wade-Gery, *The Poet of the Iliad*, pp. 11–14,39.
③ 例如《伊利亚特》2. 484 以下;比较《诗学》1460a5 以下。
④ Davison, "The Homeric Question", pp. 258–259.
⑤ Lord, *The Singer of Tales*, p. 3.

了一套关于荷马史诗的传统基础的完整理论。正如该理论的发展走向所揭示的,传统生成论远比个人创作论更能够解释诗歌在口头维度方面的艺术成就,然而,这恰恰意味着荷马史诗在书面维度的创造性与整套口头创作论的核心观点并不矛盾。我们同意格里芬(Jasper Griffin)的精辟判断:"《伊利亚特》和《奥德赛》很有可能代表了口头诗歌传统的终结。"①诗人荷马"终结"口头诗歌传统的具体方式,正是在继承和掌握全部口头遗产的前提下,运用书写的技艺对传统的程式和主题进行高度原创性的编排,以此表达了他对于英雄价值和古希腊文明精神的独特理解。这样看来,口头创作论所揭示的只是荷马史诗背后的口头诗歌传统的形式,而没有看到,整个口头传统其实已经作为"质料"(ὕλη)而被书写的技艺纳入了《伊利亚特》和《奥德赛》的全新形式。

关于荷马史诗诞生的时代背景,惠特曼深刻地评论道,"公元前8世纪的诗人从不成体系的大堆材料中演化出一个纪念碑式的统一体",这种精神冲动其实根源于城邦政治兴起的时代希腊人"为自己的生活设置理性秩序的原则和基础"。具体而言,《伊利亚特》的几何对称结构根源于希腊思维对于"对立统一"现象的敏感和热衷。② 我们不妨将惠特曼极具洞察力的思路再往前推进一步:《伊利亚特》作为整体所展现的更为根本的对立统一,正是荷马的书面创作和他身后的口头传统之间的对立统一,是诗歌的形式和质料的对立统一。荷马史诗诞生4个世纪之后,古希腊思想的集大成者亚里士多德在形而上学的层面将形式和质料的对立统一树立为其哲学架构的主心骨。在某种意义上,形质论(hylomorphism)是对于古希腊文明之"道"(思维方式和文化结构)的哲学提炼;而在我们看来,荷马史诗,作为古希腊文明精神宪章性的本原经典,正是形质论在西方文学史上最初的"道成肉身"。③

* 本研究获得北京市社会科学基金项目(编号:17ZXC010)的资助。

---

① 格里芬,《荷马史诗中的生与死》,刘淳译,北京大学出版社,"引言",页 iii。
② Whitman, *Homer and the Heroic Tradition*, pp. 77, 92, 250, 254-255.
③ 亚里士多德的形质论思想在很大程度上立足于他对于"制作"(ποίησις)的分析。值得注意的是,虽然亚氏在理论分析中多用工匠的例子,但是他自己的"制作科学"则主要包括《修辞学》和《诗学》。毕竟,希腊文 ποίησις 既可指宽泛意义上的"制作",也可专指"诗作"。在古希腊思想看来,制作是人类从自然中创建文化的基本方式,而在某种深刻的意义上,诗作恰恰是最为根本的制作。

"阿基琉斯之盾"的阐释传统

肖　剑*

（中山大学中文系）

摘　要：《伊利亚特》用 200 多节诗行对阿基琉斯之盾做了"瓶画"式的细致描绘。这种对艺术品的静态描述与整部史诗节奏迅急的动态叙事形成鲜明对比。"阿基琉斯之盾"的殊异之处受到历代荷马阐释者的关注。本文通过梳理现代西方几位重要的荷马研究者对"阿基琉斯之盾"的阐释，展示荷马艺术手法的高妙之处——将史诗《伊里亚特》的宏大主题融入"阿基琉斯之盾"的细部描绘之中。

关键词：《伊利亚特》　阿基琉斯之盾　阐释

引　言

荷马在《伊里亚特》第 18 卷（478-608 行）对阿基琉斯之盾的描绘，可谓整部史诗最为出彩的篇章之一。① 在此处，当两军鏖战正酣、英雄阿基琉斯决意为荣誉而奔赴战场迎接死亡之际，诗人突然宕开笔墨，转而浓墨重彩地描绘天神赫菲斯托斯为阿基琉斯锻造的精美绝伦的盾牌。节奏急促的典型荷马式叙事手法在此戛然而止，代之以对艺术品凝神静观的评论家式语言。无怪乎荷马史诗的第一位校注者、亚力山大图书馆第一任馆长泽诺多托斯（Zenodotus of Ephesus）在编订史诗时认为此段描述与荷马的风格不符，当为后人伪作，直接

---

*　作者简介：肖剑（1978-　），女，中国人民大学文艺学博士。现任中山大学中文系比较文学与世界文学教研室副教授，硕士生导师。研究领域为西方古典文学与比较诗学。

① 文中所引荷马史诗《伊利亚特》与《奥德赛》均根据罗念生、王焕生先生译本，人民文学出版社，1994 年。后文引用荷马史诗均标出卷数与行数，不再另注。

予以删除。

诗人荷马在作战器具上如此抛洒笔墨在整部史诗中实属罕见,或许只有第 11 卷(32-37 行)中的阿伽门农之盾勉强可以比拟。但即便暂且不论篇幅、细节等问题,二者的象征意蕴也截然不同。阿伽门农之盾形象华丽却"可怖",蛇发女妖、恐怖与溃逃之神……诸多意象旨在宣扬战争的破坏力,让敌方感到恐惧与颤栗。总之,阿伽门农之盾是荷马史诗中战斗英雄所使用兵械的典型代表。

阿基琉斯之盾却显然背离了英雄时代的尚武精神,或者说它让《伊利亚特》颂扬力量与荣誉的史诗特征变得有些模糊。这副巨型盾牌以冲突与和谐的二分方式呈现了人类生活的方方面面:喜庆宴饮中的城邦与战火硝烟中的城邦,农人耕耘的辛劳与收割的喜悦……在其中读者不难发现赫西俄德《劳作与时日》、维吉尔《牧歌》的影子。因此一些西方阐释者(诸如德国学者 Wolfgang Schadewaldt)认为诗人采取这种正反对举的手法意在表达回归文明世界和有序生活的渴望。[1] 特别是诗人对盾牌中心日月星辰周行不怠的描绘,正是以宇宙的和谐秩序来对观人类生活的秩序。但是,阿基琉斯之盾展现和平主题的揣测很快被后继场景的描述所打破:重返战场的阿基琉斯似乎没有被盾牌上解决冲突、复归和谐的理念所打动,支配他的是一种摧毁一切、为密友报仇的激情。"阿基琉斯的愤怒"导致特洛伊战场上最血腥残酷的杀戮。这种前后惊人的对比或许可以用阿基琉斯自己看到盾牌时截然不同的两种态度来表达:盾中的画面激起他难以抑制的愤怒——"怒火又起,眼里冒出凶光,如同爆发的火焰";而精巧的做工又让他感到无比的愉悦——"他拿起神明的辉煌赠品兴奋观赏,直到把那些辉煌杰作仔细看够"(《伊利亚特》19.16-19)。

一、莱辛:"阿基琉斯之盾"与诗与画的界限

荷马在阿基琉斯之盾段落中所表达意图的扑朔迷离激发了西方研究者从各个方面阐释该问题的兴趣。就现代研究而论,对这一问题的探索最早可追溯到 1766 年。莱辛在其发表的美学名著《拉奥孔》中用

---

① Wolfgang Schadewaldt, "Der Schild des Achilleus", in *Von Homers Welt und Werk*, Stuttgart: Koehler, 1959.

三章探讨阿基琉斯之盾。这部作品尽管以古希腊著名雕塑、特洛伊祭司拉奥孔命名，并且的确以批判温克尔曼关于拉奥孔雕像的权威观点为开篇（第 1 章），但全书关注的重心更偏向荷马史诗，特别是《伊利亚特》。① 莱辛在书中用了大量篇幅（大约 11 章）来引述和分析荷马史诗，其意图在于复现一种荷马式的，即"诗"的方式，用以对抗温克尔曼提倡的如雕塑般静穆的"画"的方式。

西方古典文论通常强调"诗"与"画"的相通之处。例如，古希腊诗人西蒙尼德斯的名言"诗是有声画，画是无声诗"，在后来的数个世纪一直被奉为圭臬。但在莱辛看来，尽管古人认识到诗与画这两种艺术在效果上的相似，却依然注重二者在摹仿对象和摹仿方式上的区别。然而，自己同时代的艺术批评家却无视这种区别，从诗和画完全一致的观点出发，做出粗率的结论。因此莱辛创作《拉奥孔》的首要目的，即在于纠正时人的这种偏颇。在该书第一章，莱辛抛出一个饶有兴味的问题：为何拉奥孔——因拒绝希腊人的木马进入特洛伊城，而被雅典娜女神放出的毒蛇缠绕的特洛伊祭司，在维吉尔的诗歌中被表现得痛苦哀嚎，但在雕塑作品中却显得静穆缄默？

莱辛随即引述温克尔曼在《论希腊绘画和雕塑作品的摹仿》（1755年）中的观点。在温克尔曼看来，希腊绘画雕刻杰作的优异的特征在于，无论在姿势还是在表情上，显出一种"高贵的单纯和静穆的伟大"。② 他说：

> 正如大海的深处经常是静止的，不管海面上波涛多么汹涌，希腊人所造形体的表情也透露出，在一切激情之下，他们仍表现出一种伟大而沉静的心灵。这种心灵在拉奥孔的面容上，而且不仅是在面容上描绘出来了，尽管他在忍受最激烈的痛苦……但是这种痛感并没有在面容和全身姿势上表现成痛得要发狂的样子。他并不像在维吉尔的诗里那样发出惨痛的哀嚎，张开大口来哀嚎是这里所不许的。他所发出的毋宁是一种节制住的焦急的叹息……他的困苦打动了我们的灵魂深处；但我们希望自己也能像这位伟大

---

① 张辉，《莱辛〈拉奥孔〉中的荷马史诗》，载《文艺理论研究》2012 年第 1 期，页 28。

② 莱辛，《拉奥孔》，朱光潜译，人民文学出版社，1984 年，页 5。

人物一样忍受困苦。①

　　莱辛部分同意温克尔曼的结论。他承认拉奥孔雕刻的面部所表现的苦痛的确充满了节制、忍耐与均衡的力量。但是，莱辛反对温克尔曼将得之于造型艺术的观察结果推演为"普遍规律"，更反对温克尔曼将雕塑作品中拉奥孔的静默忍耐推演为希腊人的高贵人性。② 实际上，在古希腊就已经存在着与拉奥孔雕塑截然不同的表现痛苦、诠释人性的方式，这就是诗歌的方式，或者说荷马的方式。莱辛指出，古希腊人在雕塑作品中将痛苦表现为无声的克制，而在诗歌中却任由人的情感自由流露：

　　　　号喊是身体苦痛的自然表情，荷马所写的负伤的战士往往是在号喊中倒在地上的……就连铁一般的战神在被狄俄默德斯矛头刺疼时，也号喊得顶可怕，仿佛有一万个狂怒的战士同时在号喊，惹得双方军队都心惊胆寒起来。③

　　在莱辛看来，真正的古希腊人情感真挚，与自然融为一体，荷马这样的诗人不惮于在诗歌中展现真实的人性。而近代欧洲人被所谓的文明和教养限制，视控制情感为美德，因此才视希腊精神的核心为"高贵的单纯，静穆的伟大"。这不过是对希腊精神的偏颇认识。真正的希腊精神，不是表现在如我们现代人那样对痛苦的被动承受之上，而是在对抗苦难的行动中展现人性的光辉：

　　　　希腊人却不如此。他既动情感，也感受到畏惧，而且要让他的痛苦和哀伤表现出来。他并不以人类弱点为耻，只是不让这些弱点防止他走向光荣，或是阻碍他尽他的职责。④

　　莱辛《拉奥孔》一书看似在讨论造型艺术与诗歌艺术的差异，深层

----

① 莱辛，《拉奥孔》，前揭，页6。
② 张辉，《莱辛〈拉奥孔〉中的荷马史诗》，前揭，页6。
③ 莱辛，《拉奥孔》，前揭，页8。
④ 同上。

目的却在于探究何为理想的人性:他的同时代人由于自身的缺陷而误解古人。他们因为担心暴露人性的弱点,因为过度的克制与矫饰,而丧失了内在的生命力量,不再追求光荣与梦想,不再将人类的自然禀赋发挥到极致,与诸神争辉。

在以第一章作为总纲统领全书之后,自第 2 章至第 23 章,莱辛进一步说明诗与画的区别。其中最为重要的论点为:其一,画只能表达具体的因而是有限的事物,诗可以表达无限的事物;其二,画只能描绘"可见的"(sichtbare),诗则能刻画"不可见的"(unsichtbare),即诗比画更能接近神或是更高类型的人;其三,诗的图画"让我们历览从头到尾的一系列画面",而物质的图画"则只能画出最后一个画面"。① 或者说诗由一系列运动变化构成,而画由静止的物质组成。莱辛关于"行动的人"和"静止的物体"的区分,表面上在探讨诗歌艺术与造型艺术的区别,实则在区分理想人性在古今视野之下的不同:前者将人视为在行动中不断完善的存在,后者则将人视为静止的物体。② 正如朱光潜先生所言:

> 莱辛讨论两种艺术的界限,不仅是为了区分不同符号美学的意义,更是为了彰显静观的人生观和实践行动的人生观之间的区别。在一种带有阴郁色彩和感伤情调的时代精神氛围内,莱辛要求的却是爽朗生动的氛围和发扬蹈厉的情感。③

莱辛对阿基琉斯之盾(第 17-19 章)的探讨,正是在高明的诗人展现"行动中的人"的前提下进行的:

> 荷马画这面盾,不是把它作为已经完成的完整的艺术品,而是把它作为正在完成过程中的作品。在这里他还是运用那种被人赞美的技巧,把题材中同时并存的东西转化为先后承续的东西,因而把物体的枯燥描绘转化为行动的生动画面。我们看到的不是盾,而是制造盾的那位神明的艺术大师在进行工作……我们对着那件

① 莱辛,《拉奥孔》,前揭,页75。
② 张辉,《莱辛〈拉奥孔〉中的荷马史诗》,前揭,页31。
③ 朱光潜,《译后记》,载莱辛,《拉奥孔》,前揭,页217-218。

作品惊叹,但其实是作为制作过程的见证人而惊叹。①

在评点荷马精湛的诗艺时,莱辛特意引入古罗马诗人维吉尔做对比,并指出维吉尔模仿荷马塑造的伊尼阿斯(埃涅阿斯)之盾未能感受到荷马技艺的精微之处:荷马描绘的是工作本身,将并列的画面转化为先后承接的动作,因此生动;维吉尔却只描绘成品,并采取罗列的方法,所以枯燥。另一方面,荷马仅用几幅画面就在盾上呈现了整个世界;维吉尔试图将整个罗马历史囊括进盾中,却遭到失败。因为埃涅阿斯在"专心赏玩盾上的人物形象,却不懂它们的意思,对未来的事迹茫然无知"(《埃涅阿斯纪》8.730)。

如上所述,莱辛关注阿基流斯之盾的侧重点在于表达"生活高出图画多么远,诗人在这里也高出画家多么远"。② 莱辛心中的理想人生是希腊式的积极进取、生生不息,它在本质上接近流动的诗,而非静止的画。莱辛的阿基琉斯之盾是展现荷马诗歌技艺的绝佳例证,而对于荷马在阿基琉斯之盾上呈现的丰富意象,他并未细究其试图传达的意义,仅用他在《拉奥孔》中一以贯之的"希腊人认为,艺术的最终目的即美"③来解释:要制造出一面盾来,出自神手的必需品既然不能不美,它也就需要雕饰。三十年之后,另一位荷马研究者将关注点从阿基琉斯之盾画面的精美转移到画面所表达的主题上。

二、"阿基琉斯之盾"的环形结构

西方学界公认沃尔夫(F. A. Wolf)于 1795 年付梓的《荷马问题》(*Prolegomena ad Homerum*)一书开启了荷马现代研究的先河。在该书中,沃尔夫认为,《奥德赛》第 8 卷描述"神妙的歌人"段落应该与《伊利亚特》中描绘阿基琉斯之盾的一幅画面相对应:

收获季节人们沿着它把葡萄采集。
无忧无虑的少男少女们心情欢畅,

---

① 莱辛,《拉奥孔》,前揭,页 101。
② 莱辛,《拉奥孔》,前揭,页 75。
③ 同上,页 11。

精编的篮筐里提着累累甜美的硕果。
有个男孩走在他们中间，响亮地
把竖琴弹奏，一面用柔和的嗓音唱着
优美的利诺斯歌，大家欢快地跟着他，
和着那节奏舞蹈，踪踏整齐的脚步。

(《伊利亚特》18.566–572)

　　如若沃尔夫的推论正确，盾中画面上歌唱的男孩是歌人(荷马自己)的化身，阿基琉斯之盾就引出更多的问题：画面上歌人的行为与创作《伊利亚特》的歌人自身的行为似乎截然相反？前者引领着众人欢庆丰收，掌控整个局面；后者似乎更多地被阿基琉斯复仇的激情所感染，迅速远离宁谧的和平生活，进入血腥的疆场；《伊利亚特》全诗都在颂扬强力和复仇，或是阿基琉斯之盾的画面隐隐透露出荷马对和平生活的渴望？在某些方面，阿基琉斯之盾与整部《伊利亚特》确实存在一定关联。盾牌上刻画的战争中城邦的画面：在河边的伏击与战斗、老人登上城墙观战，以及"把被杀倒下死去的人的尸体拖拉"……这些图景再现了《伊利亚特》中希腊联军与特洛伊人交战的细节。而这副画面开端部分的描述——"另一座城市正受到两支军队的进袭，武器光芒闪耀，但意见还不统一：是把美丽的城市彻底摧毁，还是把城市拥有的财富均分为两半"(《伊利亚特》18.509–512)，对应着《伊利亚特》第22卷赫克托尔临战前的思忖：

　　　　我可以放下这凸肚盾牌，
　　　　自作主张与高贵的阿基琉斯讲和……
　　　　我还可以向阿开奥斯人提议，让他们
　　　　和我们均分城里所有的财富，
　　　　我可以召集全体特洛亚人起誓，
　　　　什么都不隐藏，把我们可爱的城市
　　　　拥有的一切全都交出来均分两半。

(《伊利亚特》22.111–121)

　　因此，阿基琉斯之盾的主题与全诗的主题可能有密切的关联。纵观《伊利亚特》，在金戈铁马、硝烟弥漫的间歇总伴之以和平生活的愉悦;但在和解(阿基琉斯与阿伽门农、阿基琉斯与普里阿摩斯)出现之际,通常意味着用强力解决了某项争端,但新的争端依然隐匿,而不是实现永久的和平。《伊利亚特》的主题似乎是一种圆圈式(ring-composition)的循环。

19世纪末20世纪初,一批西方学者开始关注荷马史诗中的环形结构。他们首先注意到荷马使用的句子带有典型的"圆周"风格(periodic style)。"圆周"风格指的是"通过句法上的主从关系(subordination)和延宕(suspension),让一个陈述中的看似次要的元素与更为重要的观点联系在一起"。① 最典型的采用圆周风格的作家西塞罗,他在陈述时常常有意使用"延宕",去模糊一个事实或表明一个观点。荷马在叙事中也常常使用"延宕",尤其在著名的荷马式比喻当中,他的方法是将A比作B,然后详细地描绘B,最后再回到A。例如:

> 两位将领站在高大的垒门前面,
> 犹如山间两棵茂盛高大的橡树,
> 那橡树任凭强风暴雨每日侵袭,
> 粗壮的根蒂庞大坚实巍然屹立;
> 他们也这样仗恃强壮的臂膀和力量。

(《伊利亚特》12.131-135)

这种叙事上的断裂或延宕有时跨越很大的篇幅。最明显的例证是在《奥德赛》第19卷中,老女仆在为奥德修斯洗脚的时候,发现了他脚上的伤疤:

> 这时奥德修斯
> 坐在柴火旁,立即把身子转向暗处,
> 因为他倏然想起,老女仆抓住他的脚,
> 会立刻认出那伤疤,把秘密暴露。
> 老女仆给他洗脚,立刻发现那伤疤。

(《奥德赛》19.388-392)

---

① K. Stanley, *The Shield of Homer*, Princeton: Princeton University Press, 1993, p.6.

　　然后由伤疤的来源插叙到奥德修斯的外祖父为他取名、奥德修斯长大后拜访外祖父高大的官邸、在外祖父住所附近狩猎时被野猪长牙划破腿……在长达一百多行的详尽描述之后,荷马再次回到之前的叙事主题:"老女仆伸开双手,手掌握着那伤疤,她细心触摸认出了它。"(《奥德赛》19.467)

　　这段叙事中还出现了所谓的复杂圆环(complex ring)或多重圆环(multiple ring),即在某个环形叙事中又嵌套着其他的环形叙事。比如这里的奥德修斯脚上的伤疤,在《奥德赛》(19.393)处对此进行了解释:"那是野猪用白牙咬伤,当年他前往帕尔涅索斯看望奥克吕托斯父子,他高贵的外祖父。"然后在第465行,类似的陈述又再次重复:"在他与奥托吕科斯的儿子们一同狩猎于帕尔涅索斯山,野猪用白牙咬伤了他。"西方学界认为,荷马叙事中的这种环形结构或许体现了尚无文字的时代人们理解世界的一种方式。20世纪30年代,帕里和洛德开创的口头诗学理论则认为这种风格代表了游吟诗人的技巧,用重复的手段来避免读者和歌人自己遗忘内容、引起混淆。

　　在《荷马之盾》一书中,斯坦利(Keith Stanley)在前人研究的基础之上,提出阿基琉斯之盾反映了诗人荷马高超的诗歌技艺——多重的环形结构。他认为,荷马首先通过描绘天神赫菲斯托斯"锻造一面巨大、坚固的盾牌"(《伊利亚特》19.478),然后在该卷609行处重复类似的陈述——"赫菲斯托斯造完又大又坚固的盾牌",为阿基琉斯之盾建立了一个完整的架构。在这个大的环形结构中,第483行"他在盾面绘制了大地、天空和大海"及其后对宇宙的描述,与第607行"最后他顺着精心制作的盾牌周沿,附上了伟大的奥克阿诺斯河的巨大威力"构成了第一个小环。第490行通过短语"he made on it two cities"与第590行"on it he elaborated"产生对应关系。第490行及其后的段落主要描绘两座城邦中和平城邦内的生活:婚礼和宴饮、欢快的舞蹈与美妙的乐曲以及一场诉讼案。第590及其后关于"跳舞场"的描述复现了类似的场景,二者构成第二个小环。第509行及其后描绘"战争中的城邦",它与573行及其后对狩猎场景的描述组成第三个小环。第541行及其后对"耕耘田地"的场景描述,与第561行之后的内容"葡萄园中的采集与收获"构成第四个小环。最后,在阿基琉斯之盾主题诗歌的中间部分,第550行"他又在盾面附上一块皇家田地,割麦人手持镰刀正在收割,孩子们拾起麦穗送给捆麦人",与第558行的内容"侍从们宰杀肥牛准备盛宴、妇女们把面粉洒向割麦人的餐肴"组成第五个小环。而居于第五个小环,也是"阿基琉斯之盾"主题诗歌中心位置的是:"国王也在他们中间,手握权杖,站在地里,默默的喜悦充满心头。"

在最后的场景中,国王(诗人自己)的形象与开端部分盾牌制造者的形象相对应,暗示出诗人与神的关联。在荷马心目中,诗人是与神灵相通的一族。① 在《奥德赛》中,荷马更为明显地提及诗人的神性:为庆贺儿子婚娶和女儿出嫁,光荣的墨奈劳斯宴请邻里亲朋,"一位通神的歌手"(theios aoidos)在华丽的宫邸里"弹响竖琴"(《奥德赛》4. 16-18)。在第8卷中,当"众人满足了吃喝的欲望",缪斯便催促歌手唱响英雄的业绩;而每当"通神的歌手"停止唱诵,奥德修斯便抹去泪花,取下遮头的篷盖(《奥德赛》18.83-88)。无疑,荷马再次在两部史诗间运用了环形技法:在阿基琉斯死后,他的盾牌并未被配得的埃阿斯得到;而是由于雅典娜的介入,归给了奥德修斯。

三、纳吉:"阿基琉斯之盾"的微观世界与《伊利亚特》的宏观世界

荷马的阿基琉斯之盾展现了和平和战争两种生活,表现手法也采用"瓶画式"(静态描写)与"诗歌式"(动态叙述)二者结合的方式。莱辛早已注意到这一特征。斯坦利的研究接续近代学者对阿基琉斯之盾"瓶画式"静态描写的关注,将盾面绘画看作一个封闭的整体,细察各幅画面之间的关系及其构成的整体意义。另一位荷马研究者纳吉(Gregory Nagy)则关注阿基琉斯之盾所展现的战争(或冲突)的一面,同时结合自己与先师帕里的口头诗学的研究成果,将对"环形结构"的关注从阿基琉斯之盾扩展到整首史诗,探究盾牌各幅画面与史诗各卷主题之间的关联。

根据纳吉的观点,阿基琉斯之盾刻画的世界既是阿基琉斯个人的世界,同时这个小世界也反映出《伊利亚特》的整个宏观世界——阿基琉斯的故事。荷马阐释者通常认为在《伊利亚特》的最后一卷(第24卷),当阿基琉斯听从母亲忒提斯的劝告,同意接受普里阿摩斯的赎礼,以抵偿赫克托尔杀害帕特洛克罗斯的罪过时,一种新的精神超越了英雄传统,在城邦政治中得到升华。阿基琉斯"怜悯"痛失爱子的老父

---

① 参陈中梅,《奥德赛》,南京:译林出版社,2008年,页16。

亲普里阿摩斯,同时为即将失去儿子的自己的父亲佩琉斯哀悼,"神们是这样给可怜的人分配命运,使他们一生悲伤,自己却无忧无虑"(24.517)。阿基琉斯最终让普里阿摩斯领回了赫克托尔的尸体,为其举行体面的葬礼,在这部英雄史诗的尾声,尚武的英雄最终重新复归"人性"(re-humanization)。① 纳吉认为,在《伊利亚特》最后一卷实现和解的这种精神在史诗的中间部分已经有所体现——阿基琉斯之盾上关于战争城邦与和平城邦的描绘最集中地体现了这一点。

纳吉首先征引莱辛在《拉奥孔》中的观点,将阿基琉斯之盾上的意象称为"无限的"(limitless)。他提到《拉奥孔》一书的副标题:"论画与诗的界限"(An essay on the Limits of Painting and Poetry)。莱辛强调诗与画的界限,认为绘画表现具体的、因而是有限的事物,诗歌则可以超越有限表达无限。他特意以阿基琉斯之盾上描绘的和平城邦中的诉讼案为例,说明诗人较之画家的优势:

> 那就是他有一种自由,能把艺术作品中的某一顷刻推广到前一顷刻和后一顷刻;此外,他不仅有能力揭示艺术家所揭示的东西,还有能力揭示艺术家只能让人猜测的东西。(《拉奥孔》第 19 章)

纳吉接续莱辛的思考,强调荷马史诗的"无限性"——正如阿基琉斯之盾上的画面呈现的丰富性与开放性,《伊利亚特》也没有在线性叙事结束时终结,它的结尾是开放式的。

这一点,通过细察阿基琉斯之盾上对和平城邦诉讼案的描绘与整卷史诗的关联,将得到有力揭示:

> 另有许多公民聚集在城市广场,
> 那里发生了争端,两个人为一起命案
> 争执赔偿,一方要求全部补偿,
> 向大家诉说,另一方拒绝一切抵偿。
> 双方同意把争执交由公判人裁断。

---

① Gregory Nagy, "The Shield of Achilles: ends of the *Illiad* and the Beginning of the Po-lis", in Susan Langdon ed., *New Light on a Dark Age: Explore the Culture of Geomet-ric Greece*, Columbia: Missouri Press, 1997, p.194.

> 他们的支持者大声呐喊各拥护一方。
>
> 传令官努力使喧哗的人群保持安静,
>
> 长老们围成圣圆坐在光滑的石凳上,
>
> 手握嗓音洪亮的传令官递给的权杖。
>
> (《伊利亚特》18.490-508)

这一诉讼场面为城邦的开端奠定了基础。盾牌上的微观世界与史诗叙述的宏观世界形成鲜明对比:特洛伊战争正是因为没有仲裁机构合理解决赔偿问题(海伦被诱拐、帕特洛克罗斯被害)而起。史诗的叙事主线停留在无秩序、无法律的前城邦世界。与此相反,盾牌上诉讼画面表现的则是城邦中的世界:画面背景主要由两个圆圈构成。长老围坐成内里的圆圈,商议仲裁结果;外部圆圈由"大声呐喊"的公民组成。在这个大背景下,涉事的被告希望通过赔偿的方式终结命案官司;原告则拒绝赔偿,要求复仇。

至于为何是杀人者而非第三方在法庭外与被害者的亲人争执,研究古希腊习俗的西方学者认为:

> 杀人者有权利在法庭前为自己争取减轻惩罚的机会;控诉者也有同等的权利决定是收取赎金还是复仇。倘若控诉者拒绝收取赎金,这意味着他认为此案件是非常严重的故意杀人案,他将为死去的亲人复仇。[1]

因此这场诉讼案的核心问题在于原告是否愿意收取赎金。荷马研究者穆艾乐(Muellner)提醒我们注意这一场景与《伊利亚特》卷9中埃阿斯对阿基琉斯之语的关联:[2]

> 无情的人! 有人从杀害他的兄弟
>
> 或者孩子的凶手那里接受赎金,

---

[1] Westbrook, "The trial scene in the *Illiad*", in *Harvard Studies in Classical Philology*, Vol. 94, 1991, pp. 53-76.

[2] L. C. Muellner, *The Meaning of Homeric Eukhomai through its Formulas*, Inssbrucker Beiträge zur Sprachwissenschaft, 1976, p. 68.

杀人者付出大量金钱后可留在社会；
死者亲属的心灵和傲气因赎金受控制。
但是神明把一颗为一个女子的缘故
而变得执拗不良的心放在你胸中。

（《伊利亚特》9.632-639）

由此可见,盾面绘画中原告的态度很可能影射阿基琉斯在整部史诗中的态度。穆艾乐提醒我们注意,《伊利亚特》卷18中的原告"拒绝一切抵偿",表明他将采取复仇行动。这和后续的阿基琉斯的态度恰好形成鲜明对比:在卷19中,紧接着对盾牌的描述,阿基琉斯将接受阿伽门农的赎金,作为对抢占其女奴的赔偿;在第24卷,他又将接受普里阿摩斯的赎金,作为赫克托尔杀害帕特洛克罗斯的赔偿。《伊利亚特》显白的叙事主线似乎如此。但是纳吉并不赞同穆艾乐在此处的论点,他认为,纵观整部《伊利亚特》,阿基琉斯执拗的态度始终未曾改变。通过主动选择死亡,他最终弃绝了用任何形式寻求补偿与和解的可能性。

为了论证这一观点,纳吉强调在《伊利亚特》卷18第499行,荷马采取的是希腊文 apophthimenou[死去的人]的变体形式 apoktame-nou[被害的人],最早的荷马史诗编纂者泽诺多托斯已经注意到这个问题。如若"盾牌"段落确实可以作为对《伊利亚特》主题的补充,那么这里的变体形式 apoktamenou[被害的人]有可能指的是帕特洛克罗斯。因为第24卷重点描述阿基琉斯是否会接受普里阿摩斯的赎金,作为赫克托尔杀死帕特洛克罗斯的赔偿。如果帕特洛克罗斯作为 apoktamenou[被害的人]的推断成立,这一变体形式将为《伊利亚特》卷9中的埃阿斯讲辞带来更为深远的含义:阿基琉斯在将领大会上拒绝阿伽门农因抢夺女奴而支付酬金的行为获得了正当性。因为,纵观整部《伊利亚特》,此处悬而未决的赎金导致帕特洛克罗斯之死。

当然从另一个方面看,也可以说是阿基琉斯自己导致了密友帕特洛克罗斯之死——由于他不愿意接受阿伽门农的赎金,拒绝出战,帕特洛克罗斯接替了他的位置奔赴战场。纵观全书,如若有一场围绕帕特洛克罗斯之死展开的诉讼,阿基琉斯可能既是原告也是被告。甚而,阿基琉斯也可能是受害者本人,因为帕特洛克罗斯之死直接导致了阿基琉斯之死。这也是盾面绘画中的原告不愿意接受赎金的原因——他自己就是潜在的被告甚至受害者！在这种阐释方式下，很难说任何人有正当的权利为复仇而杀死阿基琉斯。这位英雄最终成为 apophthime-nou[死去的人]，而不是 apoktamenou[被杀害的人]。

纳吉的上述分析表明，荷马这位叙事大师将"故事中的故事"——诉讼场景嵌入关于阿基琉斯的整个故事之中。这种嵌入式手法的运用绝非仅此一处：在阿基琉斯之盾的绘画上，一群长老正在聆听诉讼，争取做出公正的裁断。而整部《伊利亚特》也需要有人做出公正的判决，尽管很难追溯谁是有罪的被告。谁是仲裁者？除了围坐在内圈的长老，荷马笔法也将外圈中听讼的民众囊括其中。民众将等候长老的判决，并评论其是否公正。正如研究者林恩－乔治（Michael Lynn-George）所言，"判决的声音是最终的结局，但同时也是永远即将到来的声音"。① 可以说，诉讼场景在不断向外扩展——由盾面绘画扩展到整首《伊利亚特》，由《伊利亚特》的世界扩展到我们的世界。有机会聆听荷马史诗的人们将作出最终的裁断。纳吉认为，这样的人既包括希腊城邦中的公民，也包括后世的我们。

纳吉的阐释在斯坦利对盾面绘画环形结构分析的基础之上，将环形结构之"环"向整部史诗乃至史诗之外扩展。经过他的解读，荷马精美叙述手法的细微之处容易为读者所领会和品读。不过，作为生活在现代民主国家的西方学者，纳吉很自然地将荷马与民主倾向联系起来。整部《伊利亚特》乃至希腊联军的功过是非将由城邦中的公民，以及后世的众位读者来评判。但是这样的解读似乎忽略了一个重要的问题——《伊利亚特》中诸神的位置和作用。毕竟，荷马时代的诗人都相信自己是神明在人间的传谕者。"何为正义？"究竟是人类相互商议的契约式结果，还是有一个更高的、超越于人类自身的来源？对这一问题思考将促使我们关注荷马史诗的另一维度——神义论。

---

① Michael Lynn-George, *Epos：Word, Narrative and the Iliad*, London：Macmillan, 1988, p.183.

《伊利亚特》中"宙斯的正义"

张文涛 *
（重庆大学人文社会科学高等研究院）

摘　要：荷马的史诗中有大量关于"正义"的词汇,理解这些观念的方法之一就是对其进行语义分析。但是如若脱离了史诗本身的情节和行动,忽视其神话背景、情节结构、重要场景、思想义理,就很难把握其正义观念的内涵。通过对最具神话和历史色彩的《伊利亚特》中与正义直接相关的"战争""神义""复仇""法律"等主题进行分析,我们可以探知荷马笔下"宙斯的正义"之观念的核心要义。文本的细读显示,在《伊利亚特》中,宙斯、神义、君王、权杖四者,合起来建构了"正义"从神界下行到人间的基本路线和观念结构,而 δίκη 这一最为核心的观念一直贯穿其中,成了构建荷马城邦时代神义论最为关键的枢纽。

关键词：《伊利亚特》　宙斯　正义　法律

与"正义"相关的 θέμις、δίκη 等古希腊词汇在《荷马史诗》中有大量的运用,思考《荷马史诗》所展现的正义观念,途径之一便是对这些词汇的语义及其使用展开具体分析。① 不过,关于"正义"之语词的分析还不能完全等同于关于"正义"之观念的分析,虽然前者为后者提供了重要的基础和古典语文学上的保障。观念的分析有赖于"正义"在荷马笔下不仅仅是一个词语,还必须是一个重大的、主题性的思想观念,这种观念不仅仅体现在对 θέμις、δίκη 等词的使用上,更要体现在整部史

---

* 作者简介:张文涛(1975-),男,四川简阳人,哲学博士,重庆大学人文社会科学高等研究院研究员、博士生导师,主要从事古典学、西方古典政治哲学、西方古典诗学、西方哲学史等研究。

① 这个工作参笔者有另文处理,见张文涛,《〈荷马史诗〉中的"正义":词汇和语义》,刊于《华西语文学刊》2018 年第 2 期。

诗通过其情节和行动所要表现和传达的思想观念中。探究这些观念，有赖于对史诗的神话背景、情节结构、重要场景、思想义理等"行动"和"观念"的层面进行综合性的把握，而不仅仅以某些文本局部是否出现或使用了 ϑέμις、δίκη 这类语词为唯一依据。当然，就算从行动和观念层面，而非仅仅从语词层面而言，"正义"问题在《荷马史诗》中的体现也是多方面的，并非局限于某个单一的维度或场景。在本文中，我们主要针对《伊利亚特》展开分析。

一、正义与战争：特洛伊战争的正义性问题

《伊利亚特》是对兼具神话性质和历史性质之特洛伊战争的描绘。探究《伊利亚特》中的正义观念，显然首先必须面对的就是这场远古的希腊人（在史诗中主要被称为阿开奥斯人）和特洛伊人之间耗时十年的战争。无论在文学、历史还是各大文明的传统经典中，战争与正义，或者说战争的正义性质，从来都是一个重大主题。在塑造西方文明如此重要的《荷马史诗》中，我们一开始就面临着这一重大、严肃而紧要的"战争与正义"的主题，这并不让人感到惊讶或意外。

不过，即便战争问题在《荷马史诗》中如此重要，战争与正义的关系并非理解正义观念的首要视角。特洛伊战争所涉及的正义问题，服从于一个对《荷马史诗》来说更大的、真正首要的正义问题，这就是"宙斯的正义"。① 我们可以看到，"在宙斯面前捍卫神义（ϑέμιστας πρὸς Διός）"（《伊利亚特》1.238）、"伟大宙斯的神义（ϑέμις）"（《奥德赛》16.403）等《荷马史诗》语词上的表述，都是我们考察这一观念最直接的文本依据。在《伊利亚特》和《奥德赛》中，"宙斯的正义"乃是与"宙斯的意愿"紧密相关的。②

① "宙斯的正义"不仅仅是荷马史诗中体现的最核心的正义观念，也是荷马之后古希腊文学从赫西俄德到悲剧作家们接续荷马、共同视为核心的观念，所以 Lloyd-Jones 会将其考察古希腊文学中正义观念演变的著作直接命名为《宙斯的正义》（H. Lloyd-Jones, *The Justice of Zeus*, University of California Press, 1971）。

② 在西方古典学界，有不少著名学者（比如 E. R. Dodds、M. R. Adkins 等人）认为《荷马史诗》中很难归纳出一种所谓的"宙斯的正义"观念，认为史诗中的宙斯其实未必真正关心后人所谓的正义问题。对于这种观点，前述 Lloyd-Jones 的《宙斯的正义》一书针锋相对地提出了正面的看法，我们认为 Lloyd-Jones 所代表的积极看法更为可取。参 H. Lloyd-Jones, *The Justice of Zeus*, p. 1ff。

　　《伊利亚特》的神话背景大致是这样的:特洛伊王子帕里斯在出生前,

　　　　她的母亲赫库芭就做了一个梦,说这孩子会是个祸害。她想象过,她生出来的会是一块燃烧的木块,还看到她的家和城国起火了。从这个古老的故事中我们得知,赫库芭和普里阿摩斯把这个孩子遗弃在了荒野中。但他却幸存了下来,而且越长越漂亮,过得如伊达山上的牧人一样自在。阿基琉斯故事与特洛伊故事的交会,始于忒提斯(Thetis)和佩琉斯(Peleus)的婚礼,纷争女神给了帕里斯一个金苹果,让他给"最美的女人"。这美丽的王子拒绝了其他女神的提议,还有赫拉许诺的政治统治以及雅典娜许诺的军队荣耀,把这奖项颁给了美与爱欲之神——阿弗洛狄忒,因为她许愿给他世间最美丽的女子。后来帕里斯想回到特洛伊时,普里阿摩斯就把他接回家,甚至派他出使斯巴达,在那里,帕里斯被作为贵宾来欢迎。但这个客人背叛了东道主,掠夺东道主的家产,拐走了人家美丽的妻子海伦,这简直就是在取笑自己的家庭和城国与别的家庭和城国之间的礼尚往来。被侵犯的东道主拥有庞大的军队,他决定灭掉这侵略者,包括其家庭、家产以及整个城国。①

　　当然,《伊利亚特》本身没有就这场战争的前因后果,以及十年之中战争的漫长予以全面叙述,只是叙述了战争第十年临近结束时大约五十一天中发生的事情,而且最后也没有讲述阿开奥斯人如何终于通过奥德修斯的木马计谋攻破特洛伊老王普里阿摩斯的城池。实际上,对于这个史诗故事的"赛美"或帕里斯关于美的"裁断"这一神话背景,整个《荷马史诗》中只有《伊利亚特》的最后一卷开篇时有所提及:

　　　　但赫拉、波塞冬和目光炯炯的女神不赞成,
　　　　她们依然恨神圣的伊利昂、普里阿摩斯
　　　　和他的人民,只因阿勒珊德罗斯犯罪,

---

① 我们这里对《伊利亚特》的神话背景故事的概述,取自弗劳门哈弗特,《首领普里阿摩斯及其城和子》,收于刘小枫选编,《古典诗文绎读·西学卷·古代编(上)》,李世祥等译,北京:华夏出版社,2008,页11。

在她们去到他的羊圈时侮辱她们，

赞美那位引起致命的情欲的女神。

(《伊利亚特》24.26-30)

从上述被帕里斯得罪了的这些女神们的角度来看，特洛伊战争或特洛伊的毁灭是正当的(正义的)。从这个角度说，整个《伊利亚特》故事的起点就是当初帕里斯关于美的那个可能非常不审慎的"裁断"。正如《伊利亚特》的一位论者所言：

要是没有帕里斯的裁断，就没有《伊利亚特》。这一裁断不仅处于那些单个细节的基础位置，而且也处于《伊利亚特》中整个神人相涉关联中的基础位置。①

不过，对于宙斯来说，帕里斯(即阿勒珊德罗斯)所犯之罪倒不在于没有尊重女神们，没有满足她们的荣誉感，从而令女神们感到受了"侮辱"，而在于违反了宙斯所特别保护的合宜的主客相待之道(ξένιος)。帕里斯做客斯巴达，却掳走了斯巴达王墨涅拉奥斯的妻子海伦，这是典型的犯罪行为，是对于宙斯要保护的正义秩序，亦即对"宙斯的正义"的典型侵犯。

在《荷马史诗》中，宙斯作为"正义"秩序的最高保护神，保护着三种非常重要的人的行为和人际关系的正当性、正义性，即他是誓言(ὅρκιος)的保护者，陌生人和主客相待之道(ξένιος)的保护者，②以及乞援人(ἱκέσιος)的保护者。③正如论者所说：

必须承认的是，《伊利亚特》中展现了作为誓言的保护者的宙

---

① 参 Karl Reinhardt，"The Judgment of Paris"，in G. M. Wright and P. V. Jones，eds.，*Homer: German Scholarship in Translation*，Clarendon Press，1997，p. 187。关于帕里斯的裁断，另参 P. T. Massey，*The Veil and the Voice: A Study of Female Beauty and Male Attraction in Ancient Greece*，2006，p. 60ff。

② 这一主客相待之道(ξένιος)有论者译为"客宜"，参程志敏，《古典法律论：从赫西俄德到荷马史诗》，上海：华东师范大学出版社，2013，页 64 以下，不过那里具体讨论的是《奥德赛》中的求婚人问题。

③ H. Lloyd-Jones *The Justice of Zeus*，p. 5。

斯观念,展现了作为陌生人、主人和客人之拥护者的宙斯这种观念。

而且,这种宙斯观念与后来赫西俄德在《劳作与时日》中树立起来的作为"正义的保护者"的宙斯观念,"两者是很难分割开来的"。① 帕里斯做客斯巴达时抢夺了墨涅拉奥斯的妻子和财产,这是宙斯必然惩罚帕里斯及特洛伊人的首要原因,以体现其作为主客相待之道的正义保护者地位。②而且,在《伊利亚特》中特洛伊人不仅违反了主客相待之道,也违反了自己所发出的誓言,进一步冒犯了宙斯所保护的正义秩序。《伊利亚特》卷三中,交战双方决定由两个当事人——帕里斯和墨涅拉奥斯直接进行决斗,来了结这一旷日持久、劳民伤财的争战。结局当然是花拳绣腿的帕里斯不敌墨涅拉奥斯,阿开奥斯人赢得了比赛,于是在第三卷的结尾,墨涅拉奥斯的哥哥、阿开奥斯军队的统领阿伽门农这位"人民的国王",出于对宙斯正义的相信,如此宣告道:

> 特洛伊人、达尔达诺斯人和你们的盟友,
> 请听我说,胜利已经归于英武的墨涅拉奥斯,
> 你们把阿尔戈斯的海伦和她的财产
> 一起交出来,对我们付出合适的赔偿,
> 值得后世出生的人永远铭记。
>
> (《伊利亚特》3.456-460)

阿伽门农说的所谓值得后世的人铭记,意思就是让后世的人记住你们特洛伊的正义性,你们没有违背誓言。但是,实际情况恰恰是,特洛伊人违背了自己所发的誓言,虽然失败了但却拒绝交出海伦和她的财产,而且来自吕克昂的特洛伊盟友——英雄潘达罗斯还用暗箭射伤了墨涅拉奥斯。这样,特洛伊人既"违反了他们的誓言"(《伊利亚特》4.71),也撕毁了前面的停战协议,使得双方的战火重新燃起。所以史

---

① H. Lloyd-Jones *The Justice of Zeus*, p. 18.
② 《伊利亚特》中对此战争原因的提示,可以参见卷三第 280-291 行等;关于对这里涉及的财产偿赎问题的讨论,可参程志敏,《古典法律论:从赫西俄德到荷马史诗》,前揭,页 32 以下。

诗中对"特洛伊命运的宣判,实质上是对践踏誓言行为的惩罚,后来赫西俄德将这类行为同违反正义之举紧密联系起来"。[1] 这个时候,仍然是出于对宙斯正义的相信,[2]阿伽门农做出了如下新的宣告:

> 亲爱的弟弟,我献祭发誓,导致你死亡,
> 让你与阿开奥斯人与特洛伊人决斗,
> 特洛伊人却践踏他们的誓言,……
> 如果奥林波斯神不立刻惩罚这件事——
> 他迟早也会那么做——……
> 有件事在我的灵魂里和心里非常清楚,
> 神圣的伊利昂、普里阿摩斯的
> 有梣木枪的人民遭受毁灭的日子定会到来,
> 克罗诺斯的高坐宝座、住天上的儿子宙斯
> 会愤慨他们的欺诈,提着黑色大盾牌
> 向他们冲去。
>
> (《伊利亚特》4. 156–168)

如果只是帕里斯一个人犯罪,那么宙斯只需要惩罚帕里斯一个人,但是,由于以老王普里阿摩斯为首的几乎整个特洛伊都与帕里斯站在一起,因此最终陷入不义境地的就是普里阿摩斯及其整个都城的人民了,当然也包括前来支援伊利昂的特洛伊盟军。本来,特洛伊城中的老者们曾经劝说普里阿摩斯,"为了我们和我们的后代",最好把海伦这个给特洛伊引来"灾祸"的女人送还给希腊人,但是,普里阿摩斯自己就不大愿意,海伦在他眼里仿佛并不是儿子不义地抢来的别人的妻子,而就是他自己的孩子——普里阿摩斯亲切地称呼海伦为"亲爱的孩子",不仅让她到城楼上观看或欣赏帕里斯和墨涅拉奥斯为她进行的决斗,而且还这样宽慰她道:

> 亲爱的孩子,你到这里来,坐在我前面,

---

[1] 参哈夫洛克,《希腊人的正义观:从荷马史诗的影子到柏拉图的要旨》,邹丽等译,北京:华夏出版社,2016,页251。

[2] H. Lloyd-Jones, *The Justice of Zeus*, p. 5, 7.

　　可以看见你的前夫、你的亲戚

　　和你的朋友；在我看来，你没有过错，

　　只应归咎于神，是他们给我引起

　　阿开奥斯人来打这场可泣的战争。

（《伊利亚特》3.162－166）

　　普里阿摩斯的这一态度令人惊讶，他"从未责怪过这个带来战争的儿子，并对这额外的'媳妇'一直仁慈，并且充满爱意"。[1] 但是，实际上就连海伦自己，都觉得自己跟随帕里斯私奔到这里是有罪或不义的，她如此回答普里阿摩斯：

　　亲爱的公公，在我的眼里，你可敬可畏。

　　但愿我在跟着你的儿子来到这里，

　　离开房间、亲人、娇女和少年伴侣前，

　　早就乐于遭受不幸的死亡的命运。

（《伊利亚特》3.172－175）

　　在荷马笔下，"海伦对于自己的私奔是非常懊悔的"，[2]非常愿意承认自己的错误。在卷六中，当特洛伊英雄赫克托尔要上战场时，海伦对他说了番非常真诚的话：

　　大伯子，我成了无耻的人，祸害的根源……

　　但是这个人（按指帕里斯）的意志不坚定，将来也会这样，

　　我认为他这样一个人会自食其果。

　　……这都是因为我无耻，阿勒珊德罗糊涂。

（《伊利亚特》6.344－356）

　　在卷三中，当帕里斯和墨涅拉奥斯正在城外决斗之时，海伦则在城内的房间大厅中"织着一件双幅的紫色布料，上面有驯马的特洛伊人和身披铜甲的阿开奥斯人的战斗图形，那都是他们为了她作战遭受的

---

① 参弗劳门哈弗特，《首领普里阿摩斯及其城和子》，前揭，页12。

② H. Lloyd-Jones, *The Justice of Zeus*, p. 24.

痛苦经历"(《伊利亚特》3.125-128)。

这个场景让人动容,海伦对于自己有着非常清楚的罪责意识、道德意识或"羞耻"意识,或者说比较健全的"正义感",与帕里斯甚至帕里斯的父亲老王普里阿摩斯截然不同,更不要说那些乐于获得来自斯巴达的不义之财的特洛伊贪婪之徒了。我们还可以看一个《奥德赛》中的例子,那个时候海伦已经随丈夫墨涅拉奥斯在特洛伊城灭之后回到了斯巴达的家里,奥德修斯的儿子特勒马科斯来到斯巴达探听父亲的下落,见到了海伦。海伦为特勒马科斯讲述了当初她认出了伪装进入特洛伊城的奥德修斯,说当时就发誓不会出卖奥德修斯,然后海伦说她虽然看到特洛伊妇女们很痛苦,但自己

> 却喜上心头,
> 因为我心里很想能够归返家园,
> 悔恨那阿弗洛狄忒给我造成的伤害,
> 驱使我去那里,离开亲爱的故乡土地,
> 丢下我的女儿、闺房和我的丈夫,
> 他在智慧和相貌方面无人可以比拟。
>
> (《奥德赛》4.258-264)

当初,在双方的战争还没有打起来的时候,墨涅拉奥斯曾经带着奥德修斯来特洛伊这边进行沟通和协商,接引他们的是特洛伊这边"行为谨慎的安特诺尔"(参《伊利亚特》3.203行以下)。特洛伊随即举行了民众大会,但是"聪明的安提马科斯"在大会上"劝大家立即杀死作为使节同神样的奥德修斯前来的墨涅拉奥斯,不让他返回阿尔戈斯"(《伊利亚特》11.138-141)。这个安提马科斯对特洛伊邦民的劝说显然起了很大作用,特洛伊人由此没有答应归还帕里斯从斯巴达抢来的海伦和大量财宝。而且就是这个安提马科斯的儿子——希波洛科斯,便从帕里斯那里获得了这些财宝中的相当一部分。后来这个希波洛科斯在被阿伽门农杀死的时候,阿伽门农可以非常正义地对他,也可以视为对不义的特洛伊人如此愤愤宣告道:"现在该你们用性命抵偿父亲的恶行了"(《伊利亚特》11.142)。

如果说当初特洛伊人已经失去了一次避免毁灭的机会,那么,即便战争已经打起来,并打到了第十年,他们也仍然有这样的机会。在《伊

利亚特》卷七,双方的战斗仍然以单挑的方式进行,只是从卷三的帕里斯和墨涅拉奥斯换成了赫克托尔和埃阿斯。不过,双方都在战斗前开大会进行了商量,特别是特洛伊人,他们害怕希腊英雄埃阿斯带来毁灭,开会商议是否可以避免接下来的战争。仍然是前面那位"行为谨慎的安特诺尔",在大会上提出:

> 让我们把阿尔戈斯的海伦和她的财产
> 交给阿特柔斯的儿子们,由他们带走;
> 是我们违反了可信赖的誓言,进行战斗;
> 不那样做,就无望为我们获得利益。
>
> (《伊利亚特》7.350—354)

安特诺尔是特洛伊这边少有的头脑清醒、有正义感的人,但是他的呼求没有人听。帕里斯回答说,他只愿意归还抢来的财产,而且还可以多添加一份表示对希腊人的赔偿,但是"不把妻子退还"(《伊利亚特》7.362)。对于帕里斯的话,老王普里阿摩斯不是不置可否,而是径直予以了认可,只是告诫大家接下来要小心行事。第二天,当阿开奥斯人听闻被特洛伊人听从的帕里斯的建议时,他们知道特洛伊的毁灭命运肯定不远了,就像希腊联军中的一个著名英雄狄奥墨得斯这时对希腊人所说的著名言辞所表明的:

> 不要让人接受阿勒珊德罗斯的财产
> 或是海伦。人人知道,连蠢人也知道,
> 毁灭的绳索套在了特洛伊人的脖子上。
>
> (《伊利亚特》7.400—402)

狄奥墨得斯的这番话,无异于在说希腊人已经看到了"特洛伊人事业的非正义性质",①看到了"宙斯的正义"即将实现。

整个《伊利亚特》及其背后的神话背景,均彰显着"宙斯的正义"。在阿基琉斯与阿伽门农发生冲突并退出阿开奥斯人的战队之后,宙斯

---

① 参克里斯托弗·罗、斯科菲尔德主编,《剑桥希腊罗马政治思想史》,晏绍祥译,北京:商务印书馆,2016,页42。

答应了阿基琉斯母亲忒提斯的请求,实现了阿基琉斯的愿望,即让阿开奥斯人受到了特洛伊人的沉重打击。但是,阿开奥斯人的节节败退却导致阿基琉斯不得不把自己的好友帕特罗克洛斯送去战场,进而战死在赫克托尔手中。阿基琉斯显然为自己的任性付出了沉重的代价,在这个沉痛的时刻,阿基琉斯终于感受到了愤怒带给自己的伤害,终于对自己前面的行为感到了"懊悔",深深体会到了"罪责"的感受(参《伊利亚特》18.101 以下)。① 于是,阿基琉斯终于醒悟过来,与阿伽门农和解并重新回到战场。最后,宙斯通过让赫克托尔战死或特洛伊人失败,实现了关于特洛伊战争的最大的"正义"。根据预言,阿基琉斯在赫克托尔死后不久,很快会战死(参《伊利亚特》18.95-96,忒提斯对儿子讲述这一注定的命运)。不过,接下来阿基琉斯的死亡似乎马上就关联着他的又一个过度或者说不义的行为:侮辱赫克托尔的尸体。阿基琉斯这一肆心之举确实令宙斯也非常"生气",宙斯自己都说这意味着阿基琉斯对他没有"敬畏之心"(参《伊利亚特》24.113-116)。② 或许,接下来阿基琉斯的早死便是缘于宙斯出于正义而必须予以他的惩罚。总而言之,正如论者所言,在《伊利亚特》中,"无论阿伽门农还是阿基琉斯,他们都不抱怨宙斯是不正义的。按照宙斯的正义之诸种条件,每个人都得到了他的应得之物"。③

二、正义与愤怒:神义与复仇

如上所述,《伊利亚特》中的战争具有明显的正义性质,或者说,阿开奥斯人的远征与特洛伊人的灭亡,其正当性在根本上受到宙斯及其正义的保障。从特洛伊战争的角度看,荷马笔下的正义观念由此是一种非常古老的正义观念,这就是"报复"或"复仇"式的平衡式正义观念。基于报复或偿还欠负的这种平衡式正义观念,我们会在古希腊悲剧的世界中进一步看到延续性的体现。

宙斯的正义是神圣的正义或者说神义。其实,在《伊利亚特》一开始,神圣的正义观念就已经体现出来了,所涉及的诸神,除了宙斯,首先

---

① H. Lloyd-Jones, *The Justice of Zeus*, pp. 21-22.
② Ibid., p. 24.
③ Ibid., p. 21.

就是阿波罗。阿基琉斯的愤怒和阿波罗降下的瘟疫是《伊利亚特》开篇叙述到的重要场景,实际上,这一场景已经将正义问题蕴藏于其中。且让我们先来看看《伊利亚特》的这一著名开篇言辞:

> 女神啊,请歌唱佩琉斯之子阿基琉斯的
> 致命的忿怒,那一怒给阿开奥斯人带来
> 无数的苦难,把英雄的许多健壮的英魂
> 送往冥府,使他们的尸体成为野狗
> 和各种飞禽的肉食,从阿特柔斯之子、
> 人民的国王同神样的阿基琉斯最初在争吵中
> 分离时开始吧,就这样实现了宙斯的意愿。
>
> (《伊利亚特》1.1—7)

阿基琉斯的愤怒缘何而起? 是因为希腊联军司令阿伽门农抢走了他的战利品——他心爱的女俘虏布里塞伊斯。可是,阿伽门农又为什么会抢走阿基琉斯的布里塞伊斯呢,这是因为,阿伽门农不得不归还他所抢走的特洛伊太阳神庙的阿波罗祭司克律塞斯的女儿克律塞伊斯。阿伽门农认为自己归还克律塞伊斯这个战利品,受到了莫大的侮辱,自己的荣誉受到了极大损害(参《伊利亚特》1.116 以下),因此必须得到补偿。拿走阿基琉斯的战利品布里塞伊斯,阿伽门农就觉得自己的荣誉获得了极好的弥补。问题是,由此一来,荣誉受损的问题就转移到了阿基琉斯这里:阿基琉斯由此遭受了来自阿伽门农的极大侮辱,荣誉由此受到极大损害。这就是《伊利亚特》开篇阿基琉斯之怒的来由。

不过,我们需要明白的是,在《伊利亚特》的开篇情节中,阿基琉斯的愤怒背后,首先还是阿波罗神的愤怒。也即是说,在阿基琉斯的愤怒或阿基琉斯与阿伽门农的争执背后,尚有神意或神义在焉。这一神意或神义,首先来自阿波罗,不过,它最终仍然来自最高的神宙斯,来自"宙斯的意愿"。那么,在随后与阿基琉斯的争执中显得非常不可一世的阿伽门农,为什么居然会归还他从特洛伊抢来的战利品,他自己也非常喜爱的女俘虏克律塞伊斯呢? 这是因为,克律塞伊斯的父亲克律塞斯向其服侍的神主阿波罗祈求,引起了阿波罗神的"愤怒"(参《伊利亚特》1.44),于是阿波罗向阿开奥斯人接连九天降下"瘟疫",最终导致阿伽门农迫于阿开奥斯人的压力,答应归还了阿波罗祭司的女儿。但是,随后阿伽门农要求得到来自阿开奥斯人内部的"荣誉礼物"或补偿,并提出要得到来自阿基琉斯或其他希腊著名英雄的荣誉礼物。这一要求引起了阿基琉斯的强烈不满和对阿伽门农的尖锐批评,两人之间发生了激烈的争吵和冲突。① 后来阿伽门农真的抢走了原属阿基琉斯的战利品,由此引发了阿基琉斯那致命的"愤怒"。

通常在解读《伊利亚特》开篇的时候,人们都非常强调阿基琉斯的愤怒,但比较忽略这里阿波罗神的愤怒。实际上,追根溯源,阿波罗神的愤怒是阿基琉斯的愤怒背后的原因。而荷马对阿波罗的愤怒及其降下"瘟疫"的描写,是对一种神义观念的典型呈现。在这里,降下瘟疫这一神的正义行为,出于对阿开奥斯人不敬神的祭司——由此等同于不敬神——的行为的惩罚。祭司克律塞斯请求归还女儿的行为并非不正义,因为他答应不仅会给予阿开奥斯人"无数的赎礼"作为赔偿,甚至完全不顾自己的身份提出帮助阿开奥斯人祈愿特洛伊的毁灭(参《伊利亚特》1. 13—21)。《伊利亚特》开篇展现的降瘟疫对神义的体现,在后来的古希腊悲剧中有很常见的接续,②比如索福克勒斯《俄狄浦斯王》一开始就是忒拜城受困于一场瘟疫,而这场瘟疫的背后,正是一个典型的神义论问题:忒拜城中出现了不敬神或渎神的行径。

阿波罗神的愤怒是正当的、正义的;同样,阿基琉斯的愤怒也是正当或正义的。阿波罗出于其不被敬重、荣誉受到损害而愤怒,于是降下瘟疫作为报复,因而是正义的体现。阿基琉斯同样出于其不被敬重、荣誉受到损害而愤怒,于是以退出阿开奥斯人的战斗作为报复,这也是正义的体现。这里的关键在于,阿伽门农夺走阿基琉斯心爱之物,损害阿基琉斯的荣誉,这一不当行为确是一个明显的不义之举。正如论者论及此处牵涉的"正义"问题时所说的那样:

> 由宙斯和人间的君王们所支配的秩序,乃是一种按等级秩序化了的社会规则构成的秩序。了解要求你做什么,也就是了解你在该结构中的地位并去做你的角色要求你去做的事情。如果去剥夺某人应该占有的角色,或是篡夺另一个人的角色,就不仅仅侵犯

---

① 关于对这场冲突从"正义"角度出发的一个尝试行分析,可参哈夫洛克,《希腊人的正义观:从荷马史诗的影子到柏拉图的要旨》,前揭,页150—153。

② H. Lloyd-Jones, *The Justice of Zeus*, p. 11, p. 169 n. 47.

了 dike[正义]，而且也侵犯了他人的 time[荣誉]。而如果我受到了侮辱，就像阿基琉斯受到了阿伽门农的侮辱一样，那么，我就可以要求给予纠正。①

所以后面当老英雄涅斯托尔出来调停阿基琉斯与阿伽门农的争吵时，首先就劝说阿伽门农，"你虽然很高贵，也不要夺去他的少妇，让他保留阿开奥斯儿子们当初的赠予"（《伊利亚特》1. 275-276）。因为这一赠予乃意味着对英雄之荣誉的重大肯定。②

三、正义与统治：王权、法律与正义

在阿基琉斯与阿伽门农的争吵和冲突中，阿伽门农的错误在于无视阿基琉斯这个大英雄的荣誉。但阿基琉斯亦非没有错误，他的错误在于完全无视阿伽门农这个希腊联军的统帅，无视阿开奥斯人眼下的这个"王"（βασιλεύς）。也就是说，阿基琉斯对于阿伽门农的王权地位或统治地位的挑战，是不正当或者说不正义的。阿基琉斯需要承认阿伽门农当王或统治的正当性。

阿基琉斯为什么不承认阿伽门农这个"王"？因为阿基琉斯认为他自己才是"阿开奥斯人中最好的人"（《伊利亚特》1. 243）。③ 这里我们不妨引用非常著名的一个段落，即在阿基琉斯与阿伽门农争吵到白热化阶段时，阿基琉斯对阿伽门农说的下述这番重要的话：

> 现在阿凯奥斯的儿子们，
> 那些正义掌管者，在宙斯面前捍卫神义的人，
> 手里掌握着这权杖；这是个庄重的誓言：
> 总有一天阿开奥斯儿子们会怀念阿基琉斯，

---

① 麦金太尔，《荷马史诗想象中的正义和行动》，见麦金太尔《谁之正义？何种合理性》，万俊人译，北京：当代中国出版社，1996，页21。

② 在古希腊文中，"荣誉"（τιμή）一词同时具有"赔偿"之意，我们可以说，"荣誉"这个词汇某种意义上已经内在包含着"正义"问题了。关于古希腊"荣誉"与"赔赎"之关系的分析，可参见程志敏，《古典法律论：从赫西俄德到荷马史诗》，前揭，页32-34。

③ 同时阿基琉斯这一表述，可同时参考《伊利亚特》1. 91、6. 208、11. 784 等。

> 那时候许多人死亡,被杀人的赫克托尔杀死,
>
> 你会悲伤无力救他们;悔不该不尊重
>
> 阿开奥斯人中最好的人。

(《伊利亚特》1.237-243)

　　阿基琉斯在自己的老家当然也是一个王,不过在这里,在战时的希腊联军的军营里,他却不得不听命于阿伽门农,这是阿基琉斯所不情愿的。阿基琉斯显然认为,最具有英雄的德性或卓越的人,眼下来说亦即最"勇敢"之人,最应该当王,而在整个阿开奥斯人的联盟大军中,这个人显然应该是他自己。阿基琉斯从"德性"的角度理解当王或统治的正当性或正义性,但阿基琉斯这一理解本身可能并不正确,并不具有正当性。涅斯托尔在调解两人时对阿基琉斯说的下述这番话,其实已经表明了这一点:

> 佩琉斯的儿子(按指阿基琉斯),你也别想同国王争斗,
>
> 因为还没有哪一位由宙斯赐予光荣的
>
> 掌握**权杖**的国王能够享受如此尊荣。
>
> 你虽然非常**勇敢**,而且是女神生的,
>
> 他却更**强大**,统治着为数众多的人。

(《伊利亚特》1.277-281)

　　涅斯托尔接着又劝阿伽门农说,"别对阿基琉斯不满,战斗危急时他是全体阿开奥斯人的强大堡垒",阿伽门农则这样回答涅斯托尔:

> 老人家,你发表的这篇讲话完全正确,
>
> 可是这个人很想高居于众人之上,
>
> 很想统治全军,在人丛中当**王**,
>
> 对我们发号施令;可是会有人不服从。

(《伊利亚特》1.286-289)

　　显然,阿伽门农完全洞悉阿基琉斯想当王的心思,也完全明白阿基琉斯对自己的不满实在是还有更深层的缘由,眼下关于女俘虏的争夺问题,其实只是两人长久以来的明争暗斗在现今大爆发出来的一个导火

索。涅斯托尔对阿基琉斯的劝告,其实是对阿基琉斯的暗中批评。在涅斯托尔看来,阿伽门农现在当希腊人联军的王,其正当性或正义性有两个,一个是来自宙斯的神圣意愿("宙斯赐予的"),一个是因为阿伽门农统领的国土和人民都远远大于或强过阿基琉斯所统治者。在后来柏拉图的《理想国》中,王者或统治者的正当性问题仍然是非常重要而关键的一个问题。我们知道,柏拉图笔下的苏格拉底主张最好的政制应该是君主制或贵族制,总之应该是最好、最有德性的人当王。我们现在看到,在荷马这里,有德性的人当王已经成了一个或许要被质疑的问题。

涅斯托尔的调停之语虽然没有出现"正义"这个词,但"正义显然是他关注的对象"。① 后来,在《伊利亚特》卷十九中,当阿基琉斯和阿伽门农两人都经历了许多的磨难,终于走向和解的时候,奥德修斯站出来,就像当初的涅斯托尔一样,同时对两人说了下述一番劝慰的话。与涅斯托尔的调停之语没有出现"正义"之词不同,奥德修斯的话中不仅出现了"正义",而且我们前面考察过的关涉正义的三个古希腊语词 θέμις、δίκη 和 δίκαιος 居然同时都出现了。这足以表明,阿基琉斯和阿伽门农之争吵,显然是极为关乎正义之事。奥德修斯的这番话说明,随着阿基琉斯和阿伽门农两人的和解,某种意义或某种程度上的"正义"也随之实现了:

> 再让他(阿伽门农)在阿尔戈斯人中间起个誓,
> 他没有碰过她的床榻,触动过她(布里塞伊斯),
> 统帅啊,如同男人或女人习惯(θέμις)的那样。
> 阿基琉斯,你也要让心灵宽宏大度,
> 最后让他在营帐摆设盛宴款待你,
> 从而让你得到对你来说是正义(δίκη)的一切。
> 阿特柔斯之子啊,这样会使你今后
> 待人更公正(δίκαιος)。
>
> (《伊利亚特》19.175-182)②

在涅斯托尔指出的阿伽门农当王的两个正当性或正义性理由中,前

---

① H. Lloyd-Jones, *The Justice of Zeus*, p. 13.

② 关于这里的分析,亦参哈夫洛克,《希腊人的正义观:从荷马史诗的影子到柏拉图的要旨》,前揭,页159-161。

一个显然是最根本、最重要的。虽然阿伽门农讨厌阿基琉斯,但他也必须承认,像他自己一样,阿基琉斯也是"宙斯养育的国王(βασιλεύς)"(《伊利亚特》1.176)。"正义"问题在《荷马史诗》中的一个非常重要的体现,在于当王的正当性,或者说人间国王之统治的正当性问题,而《荷马史诗》对这一正当性的首要回答,在于宙斯的赐予或养育。也就是说,人间国王的统治正当性来自诸神和人的共同统治者宙斯。在《伊利亚特》第二卷中,当奥德修斯斥责试图扰乱阿开奥斯军心的丑角特尔西特斯,呼吁大家要尊重阿伽门农的统治权威(从而也是在暗中批评前面阿基琉斯对阿伽门农统治权的否定)时,也表达了这种君权神授的古老的统治正当性观念:

> 我们阿开奥斯人不能人人做国王;
> 多头制不是好制度,应该让一个人称君主,
> 当国王,是狡诈的天神克罗诺斯的儿子
> 授予他权杖和神法(θέμις),使得他统治人民。
>
> (《伊利亚特》2.203-206)①

在这里,奥德修斯明确将来自宙斯的"正义"、"神义"或"神法",亦即具有多重含义的θέμις,视为人间君王之统治正当性的根本来源。同时,奥德修斯还提到了"权杖"(σκῆπτρον),正如前面卷一中当阿基琉斯批评阿伽门农时,同样提到了"权杖"。如果说θέμις[神义、神圣的正义、神法]是人间君王统治正当性的根本依据,σκῆπτρον[权杖]就是人间的王者具备了这一神圣正当性的标志或象征。

由于人间君王的统治正当性在根本上基于"宙斯的正义"(或宙斯的神义[θέμις]),因此,代表宙斯之意愿的θέμις,也就通过宙斯养育的君王及其拥有的权威象征符号——权杖,来到了人间。而且,在《荷马史诗》中,"权杖"不仅仅是君王权威的体现,也进一步被运用为公共集会上发言者之发言权利或权威性的保障。在《荷马史诗》中,任何人想要在人民大会上发言,都要首先拿过这根权杖。② 所以前面我们看到,阿基琉斯在发言抨击阿伽门农的时候,也要首先拿起权杖,同时宣称他

---

① 关于对这一段的解读,亦参弗劳门哈弗特,"首领普里阿摩斯及其城和子",前揭,页9。

② 参程志敏,《古典法律论:从赫西俄德到荷马史诗》,前揭,页220。

批评阿伽门农所凭借的理据,恰恰就是这权杖所象征的来自宙斯的 $\vartheta \acute{\varepsilon} \mu \iota \varsigma$[神义、神圣的正义、神法]。

宙斯、神义、君王、权杖——在《荷马史诗》中,这四者合起来建构了"正义"从神界下行到人间的基本路线或观念结构。宙斯作为正义的保护者,位于这一基本路线的起止点和正义观念结构的核心。正如论者所说,在《荷马史诗》中,我们已经可以看到宙斯作为正义之保护者的这一"属性"。按照一些古典学家和古史学家的看法,"宙斯的属性其实来自早前时代君王们的那些为人所知的属性"。在荷马笔下,

> 君王的一个重要功能,就是保护正义($\vartheta \acute{\varepsilon} \mu \iota \sigma \tau \eta \varsigma$)——亦即保护关于正义的种种习俗、运用及法则。君王是这样一个人,宙斯赋予了他权杖($\sigma \kappa \tilde{\eta} \pi \tau \rho o \nu$)和神法($\vartheta \acute{\varepsilon} \mu \iota \varsigma$),让他可以为自己的人民商讨要务。……由于君王是从宙斯那里得到 $\vartheta \acute{\varepsilon} \mu \iota \sigma \tau \eta \varsigma$[正义、神法、神义、神权]的,也由于宙斯的属性是从君王们那里体现出来的,因此,如果说宙斯不提供保护正义之功用,这会是非常奇怪的事情。[1]

过去比较老旧的看法,认为荷马笔下的世界还是一个非常远古、原始的部落时代,但这显然不符合实情。晚近的古典学界已比较一致地认为,荷马笔下的世界已经是一个城邦世界,甚至已是一个成熟的城邦世界。[2] 这个城邦世界的成熟标志之一,就是具有明确的"统治"或"王权"结构。像我们刚刚所论述的,统治或王权的正当性体现了"正义"问题在荷马笔下非常重要的一个方面。除了君王,在荷马笔下我们还能看到长老会和平民大会,总体上说,荷马笔下展现出来的城邦政治组织形式,是以君王(basileus)、长老会(boule,或议事会)以及人民大会(agore,或平民大会)三者共同构成的一个三层结构。当然,在这个政治构架中,君王具有最高的治权。

从宙斯那里获得王权的人间君王,其最为重要的职责就是保护人类

---

① 以上论述特别参见 H. Lloyd-Jones, *The Justice of Zeus*, pp. 6–7。

② 相关论述很多,这里不多作介绍,可参看克里斯托弗·罗、斯科菲尔德主编,《剑桥希腊罗马政治思想史》,前揭,页 35;Joanna Janik, *Terms of the Semantic Sphere of* $\delta \acute{\iota} \kappa \eta$ *and* $\vartheta \acute{\varepsilon} \mu \iota \varsigma$ *in the Early Greek Epic*, Krakow, 2003, p. 10。

政治社会中的"正义"得以呈现和维持。君王这一职责的重大体现，就是担任人民纠纷的裁断者、审判者以及惩罚者，也就是说，担任政治共同体中非常重要的司法者形象，充当"法官"这一重要的角色。"裁断"、"审判"和"惩罚"是 *díxη* 这个表示"正义"的古希腊语词的诸种含义，而所有这些"裁断"、"审判"和"惩罚"，都具有来自宙斯那里的最高的权威和保障，亦即来自宙斯的 *θέμις* 这一荷马笔下最高的"正义"。从宙斯到君王，从神义到裁断，"正义"由此在荷马笔下的那个人间世界里非常明确地具备或体现着"法律"的含义和功用。总之，正像论者所说的，由此"权杖、领袖的魅力以及作为法官的职能，所有这些都来自宙斯，所以那些手握权杖的演说者所说的话，所做的事，都被宙斯合法化了"。①

在《伊利亚特》和《奥德赛》中我们都可以看到不少这类场景，即"君王"们作为"法官"，进行"裁断"和"审判"，施行"惩罚"，以体现最终来自"宙斯"之"正义"。不过在《伊利亚特》中，有一个非常著名的段落，集中展现了荷马笔下那个时代的审判断案场景。这就是《伊利亚特》卷十八中所描绘的、天神赫菲斯托斯为即将重新出战的阿基琉斯打造的那面盾牌上所镌刻的关于一场"官司"的场景。"阿基琉斯之盾"上这一著名的场景对今天的人来说弥足珍贵，"我们对荷马时代的法律程序的了解就归功于此"。② 这面盾牌假借一个涉及偿命的严重刑事案件，向我们展示了那个远古时代的诉讼、断审、司法与正义的具体情形，③在这个场景中，*díxη* 自然是最为核心的观念。

* 基金项目：教育部中央高校基本科研业务费项目（CQDXWL-2014-Z014）。

---

① 参克里斯托弗·罗、斯科菲尔德主编，《剑桥希腊罗马政治思想史》，前揭，页44。

② 鲁本，《法律现代主义》，苏亦工译，北京：中国政法大出版社，2004，页359。

③ 关于"阿基琉斯之盾"这一场景，我们在这里就不展开具体的解读了，相关研究可参程志敏，《古典法律论：从赫西俄德到荷马史诗》，前揭，页21以下；J. L. Myres, *The Political Ideas of the Greeks*, London, 1927, pp. 118-126；克里斯托弗·罗、斯科菲尔德主编，《剑桥希腊罗马政治思想史》，前揭，页43-44。

特勒马科斯游历记的政治寓意

贺方婴*

（中国社会科学院外国文学研究所）

摘　要： 荷马史诗《奥德赛》前四卷讲述了奥德修斯的儿子特勒马科斯为赶走霸占家产的求婚人被迫出城求援的故事。就整部史诗而言,这四卷可独立成篇为"特勒马科斯游历记"的故事,从而显得与全诗的结构和主题脱节,这历来让史诗研究者们感到困惑。本文通过解读《奥德赛》前四卷的史诗情节,试图证明"特勒马科斯游历记"是史诗主线奥德修斯返乡之旅的重要组成部分,具有特殊的政治寓义,是荷马关于潜在王者如何通过自我历练,形成有益城邦之德性的教诲。荷马的教诲极大地影响了后世的政治哲人,尤其是 18 世纪的思想家费奈隆、孟德斯鸠和卢梭,如何教育潜在的王者成为他们共同关心的问题。

关键词：《奥德赛》　特勒马科斯　王者品质　城邦德性

> 政治家必须是明智的……统治者所受的教育也应该与众不同,因而王室的子女在骑术和军事方面都显得训练有素。正如欧里庇得斯说:"我不要各种琐屑的技艺,一心盼求治国的要道。"
>
> ——亚里士多德《政治学》1227a18-19①

1689 年,38 岁的费奈隆(François Fénelon,1651–1715)被擢升为太子保傅,受命教育法王路易十四的皇孙,年仅 7 岁的勃艮第公爵。为了

---

* 作者简介:贺方婴,女,广东吴川人,文学博士,哲学博士后,中国社会科学院外国文学研究所副研究员,主要从事西方近代政治哲学、古希腊-罗马文学研究。

① 中译采用《政治学》,颜一、秦典华译,收入《亚里士多德全集》卷九,苗力田主编,北京:中国人民大学出版社,1994 年,页80。

引导这淘气的小公爵、法兰西未来的君王,费奈隆精心写作了哲理小说《特勒马科斯历险记》(成书于 1693－1694 年)。① 在费奈隆的传世之作中,这部作品对后世影响最大,也最为重要,与波舒哀的《普遍历史》齐名,法国文史家称此书是"一把打开 18 世纪想象博物馆的金钥匙"。②在费奈隆的这部小说的引导下,任性顽劣的公爵变得举止有度,谨慎自制,《特勒马科斯历险记》也因此名声大噪。据说,在 18 世纪,这部小说所拥有的读者仅次于圣经,后世自然也出现了不少模仿之作。③

史诗《奥德赛》④在前四卷中讲述了奥德修斯的儿子特勒马科斯出海探寻父亲音讯的故事,费奈隆化用这个故事,让他笔下的特勒马科斯在密涅瓦女神(智慧女神)化身的曼托尔(Mentor)陪伴下出海寻父,以此为线索,在智慧的引导下见识和学习沿途各国的政制与习俗,历尽艰险,最终,特勒马科斯以一种王者的眼光与见识返回伊塔卡。

费奈隆一方面以故事来教育王储,要培养政治眼光,另一方面又借此表达了他本人对法国政体改革的政治主张:书中乌托邦式的城邦"贝提克"(Bétique)成了费奈隆暗自鼓动法国君主推行政体改革的楷

---

① Delphine Reguig-Naya ed., *Fénelon, les leçons de la fable. Les Aventures de Télémaque*, PUF-CNED, Paris, 2009; *Telemachus, Son of Ulysses*, Raymond Geuss, Quentin Skinner eds., Patrick Riley trans with notes(Cambridge Texts in the History of Political Thought), Cambridge University Press, 1994; *The Adventures of Telemachus, the Son of Ulysses*, Brack Jr. ed, Tobias Smollett trans, University of Georgia Press, 2014.

② Jean-Claude Bonnet, *La Naissance du Pantheon*: *Essai sur le culte des grands hommes*, Paris Fayard, 1998.

③ 关于《特勒马科斯历险记》一书的影响,参见 Patrick Riley 的英译本导言, *Telemachus, Son of Ulysses*, pp. xvi－xvii。

④ 本文凡引用《奥德赛》原文,依据 *Homeri Opera in five volumes*, D. B. Munro, T. W. Allen eds., Oxford: Oxford University Press, 1920. 参考现代译本、笺注本: *The Odyssey of Homer*, trans and with an introduction by Richmond Lattimore, New-York: Harper Collins, 1967; Heubeck Alfered, West Stephanie, J. B. Hainsworth eds., *A Commentary on Homer's Odyssey*, NewYork: Oxford University Press, 1989. 本文凡引用的《奥德赛》(随文简写《奥》)诗行及译名,除特别说明之外,均采用王焕生先生译本(北京:人民文学出版社,1997 年),个别语词依希腊文原文校订。

模。费奈隆的政治主张是,改革绝对君主制,施行有限君主制。费奈隆的政治主张和写作方式对启蒙时期的思想家影响极大,达朗贝尔写过《费奈隆颂》,孟德斯鸠的《波斯人的信札》可以说是在模仿费奈隆,即采用游记形式表达政治观点。卢梭的《爱弥儿》①把《特勒马科斯历险记》奉为圭臬:在《爱弥儿》第五卷我们看到,在导师的精心安排下,爱弥儿外出游历时随身携带着费奈隆的《特勒马科斯历险记》。

当然,费奈隆的《特勒马科斯历险记》是写给法兰西未来的君王的书,卢梭的《爱弥儿》显然不是教育王子,但它要教育谁呢?无论是谁,都绝不可能如作者在书中所言,是要教育所有公民。我们也许可以说,卢梭想要教育未来民主时代的潜在王者,让他们懂得如何面对各种政治难题,在智慧的陪伴下重新返回"伊塔卡"。

一、《奥德赛》前四卷的结构与意图

凭靠费奈隆和卢梭等先哲的眼光来重读《奥德赛》1-4 卷,笔者解决了一个长期以来的困惑:这四卷对于整部史诗而言意味着什么? 为什么荷马以奥德修斯的儿子特勒马科斯出海探寻父亲音讯的故事开篇? 事实上,这并非仅仅是笔者才有的困惑,历来不少研究者对于这四卷的结构及其在整部史诗中的作用也不得其解:以奥德修斯返乡之旅为叙事主线的《奥德赛》,居然以四卷之长的篇幅记述一些与奥德修斯返乡行动无关的事,直到第五卷,主人公奥德修斯才出场,而他在前四卷完全缺席。②

的确,就整部史诗而言,头四卷完全可以独立成篇,是一个完整的"特勒马科斯离乡之旅"的故事。由于这四卷显得完全游离于整部史诗之外,于是有论者认为,这表明史诗作者的手法不成熟,很可能是口传时期的游吟诗人因应现场演唱粗糙之作。③ 然而,从特勒马科斯作

① 卢梭的《爱弥儿》法文原文依据 *Œuvres complètes*, B. Gagnebin et M. Raymond eds., Paris: Pléiade, 1959-1995,英译参考 Allan Bloom 的英译本:*Emile, or education*, Allan Bloom trans. with notes, New York: Basic Books, 1979。中译参李平沤先生译本,《爱弥儿》,北京:商务印书馆,1978 年。

② *A Commentary on Homer's Odyssey*, p. 67.

③ Milman Parry, *The Making of Homeric Verse*, Adam Parry ed., NewYork: Oxford University Press, 1987.

为潜在王者的身份入手来看 1-4 卷,正如费奈隆和卢梭的慧眼所见,开篇四卷所记述的潜在王者的成长和教育历程,堪称为整部史诗奠定了基调:特勒马科斯难道不像是离乡之前的奥德修斯吗?诗人似乎暗示:两代伊塔卡的王都必须离开故土,才能在返回后认识故土的本相,而这种返回必然带来城邦的更新,甚至带来一场革命。

当然,奥德修斯与特勒马科斯的返回具有不同的意味。因此,我们值得问:王者的离乡对于政治共同体意味着什么?特勒马科斯在《奥德赛》前四卷的离乡故事的政治喻义究竟是什么,这个故事与奥德修斯的离乡故事有何内在关系?探究这些问题,对笔者来说,是极具挑战也极为愉悦的学习。

首先,《奥德赛》前四卷让我们看到三个城邦,即伊塔卡、皮洛斯和斯巴达。它们显得品质各异,各有欠缺,分别代表现实中的三种城邦样式:失序的城邦、虔敬的城邦、欲望的城邦。王子特勒马科斯属于伊塔卡,他理解自己所属的甚至将要统治的这个城邦吗?诗人似乎暗示,特勒马科斯只有在认识另外两个城邦的前提下,才能认识自己所属的城邦。

有意思的是,城邦伊塔卡和特勒马科斯的出场,都有智慧女神雅典娜的显身,似乎唯有在智慧的帮助下,特勒马科斯才能看清所属城邦的内在品质。此外,这三个首先出场的现实城邦与第六卷后出场的斯克里埃岛,独目巨人库克洛普斯部落形成对照,似乎它们共同构成反思最好的城邦政制的现实基础。用今天的话说,现实的城邦就是政治状态,即处于自然状态与理想状态之间的状态。倘若如此,我们就可以说,《奥德赛》隐含着这样一个主题:在一种现实与理想的张力之中探讨什么是人类最好的生活方式。不仅如此,诗人还设计了一种城邦之外的视角——神的视角,似乎诸神也在俯视察看勒特马科斯面对的三个城邦,或者说是在暗示,勒特马科斯还需要置身于城邦之外来审视政治共同体的优劣。

《奥德赛》前四卷出现的三个城邦中,唯独伊塔卡处于内在冲突之中。通过雅典娜之口,荷马一开始就描述了年迈的先王拉埃尔特斯的艰苦处境(1.189-193),暗示奥德修斯与父亲拉埃尔特斯之间的权力交接可能存在不义。[①] 在奥德修斯远征特洛伊的二十年中,伊塔卡一

---

① *A Commentary on Homer's Odyssey*, p. 101.

直处于王权空位状态：先王拉埃尔特斯避居乡下，王后佩涅洛佩被排除在实际统治之外。特勒马科斯曾这样面斥母亲佩涅洛佩：

> 现在你还是回房去操持自己的事情，
> 看守机杼和纺锤，吩咐那些女奴们
> 认真干活，谈话是所有男人们的事情，尤其
> 是我，因为这个家的权力属于我。（1.356-359）

事实上，不仅伊塔卡的王权不属于特勒马科斯，即便在自己家里，他也没有管治权力。由于王者长期缺席，阿开奥斯的贵族子弟团伙实际操控着城邦，失去君主的城邦处于随时分裂和发生内乱的危机状态：一群游手好闲的贵族子弟以求婚为名长期霸占王室，王后佩涅洛佩为保护幼子特勒马科斯，忍辱负重与这些无赖周旋。城邦如此混乱、失序，这让我们看到，一个已经进入文明状态的政治共同体仍然可能退回到实质上的自然状态。借用当今一位政治学家的说法：

> 在自然状态中，一个人可能缺少力量来强行他的权利，他也可能没有能力向一个侵犯其权利的强大对手进行惩罚和索取赔偿。①

可以说，《奥德赛》把陷入自然状态中的文明城邦作为叙事的开端，就此而言，诗人讲述了一个城邦从混乱失序走向秩序重建的过程。在这幅气势恢宏的史诗画卷中，特勒马科斯站在这一宏大叙事的起点，或者说他的成长起点就是伊塔卡城逐步堕落，一步步陷入最坏状态的过程。因此，特勒马科斯的成长（由自然走向文明）与伊塔卡的堕落（由文明走向自然），刚好形成互为反向的运动。通过展现城邦的最坏状态，诗人提出了这样的问题：王者缺席的城邦是否有必要重新迎回自己的君王？而且，返回属己城邦的王者又该如何为已经降至自然状态的城邦重建政治秩序？

由此来看，整部《奥德赛》的结构发人深省：卷5至卷12描述海外

---

① 诺齐克，《无政府、国家和乌托邦》，姚大志译，北京：中国社会科学出版社，2008年，页13。

漂泊的奥德修斯在返城之前的种种奇遇与所见所闻,尤其是他见识过城邦的两极:最好的政治共同体(费埃克斯国)和最坏的前政治状态(独目巨人族部落)。从卷 13 起,诗人用全诗一半篇幅集中展现回城的王者如何重建伊塔卡王国政治秩序。

倘若以城邦为界,《奥德赛》前半部分主要讲述离开共同体的王者的域外之行,后半部分讲述王者返回共同体后的行动,两部分共同构成了王者的完整行动链。头四卷所讲述的特勒马科斯的离乡寻父的故事,则是这个链条上不可或缺的关键环节,与奥德修斯的返城之旅共同构成王者在城邦之外的政治行动。特勒马科斯所见识的三个现实城邦,与奥德修斯所经历的最好和最坏的"言辞中的城邦",①则共同构成了城邦的整全面相。

我们还应该注意到,对奥德修斯初到费埃克斯人居住的斯克里埃岛和返回伊塔卡时的描写,诗人采用了相同的叙事模式:昏睡—苏醒。甚至奥德修斯苏醒后的第一句话,自我询问的句式也相同:

> 天哪,我如今到了什么样的国土? 这里的居民是强横野蛮,不正义,还是好客,敬神?(6.119-121)

这显然不是信笔所至,因为,奥德修斯的船队初到库克洛普斯们居住的岛屿时,诗人也采用了相同的句式来探询此地的情况。尤其是奥德修斯对伊塔卡的描述,与他对斯克里埃岛地理位置的描述极其相似(对观 9.21-28,6.204-205)。换言之,斯克里埃岛与伊塔卡的自然环境相同,政治品质则相异。伊塔卡、斯克里埃岛、库克洛普斯们生活的岛,显得分别具有如下三种特征:不正义、好客与野蛮(6.119-121,13.200-201,9.175-176)。似乎斯克里埃岛是伊塔卡理应达到的状态,而独目巨人岛的自然状态则是伊塔卡的现状。求婚者的生活方式与卷 6 中我们所看到的费埃克斯人悠闲、享受的宴饮理想生活方式,处于一种平行叙事关系之中。这也许意味着,诗人提醒我们思考,政治共同体中的幸福是否一定依赖于王者的统治。②

---

① 因为费埃克斯人的斯克里埃岛与独目巨人岛都是奥德修斯个人经历过的地方,严格来说这两个地方仅仅存在于他的讲述与回忆之中,是用言辞构建的城邦。

② *A Commentary on Homer's Odyssey*, p. 289, 341.

　　与此相应,奥德修斯在独目巨人岛上和他重返伊塔卡时都隐匿了本名,采用化名。失去名字意味着失去了王者身份,除非他获得最后胜利,否则,奥德修斯将永远失去他的真实身份。与此相反,留在伊塔卡的特勒马科斯虽以本名居王子之位,却由于城邦的失序而不能获得应有的权柄,他的王储身份形同虚设。因此,对他来说,最要紧的是想方设法夺回王位继承权,成为伊塔卡城名实相符的王。换言之,诗人以城邦危机为起点,借机将两代王者的故事巧妙地联结在一起。

　　如果诗人的上述笔法都不是偶然,那么,我们就值得紧贴诗人的叙事来体会他的思考。

二、特勒马科斯被迫离开城邦

　　《奥德赛》开篇不久,雅典娜就化身为外乡人门特斯($M\acute{\varepsilon}\nu\tau\eta$)来到伊塔卡,借这个藏在异乡人面具下的女神视角,诗人引领我们以一个异乡人的目光审视这个失去王的城邦。当雅典娜站在奥德修斯的宅院前:

> 她看见那些傲慢的求婚人,这时他们
> 正在门厅前一心一意地玩骰子取乐,
> 坐在被他们宰杀的那些肥牛的革皮上。
> 随从和敏捷的友伴们在为他们忙碌,
> 有些人正用双耳调缸把酒与水掺和,
> 有些人正在用多孔的海绵擦抹餐桌,
> 摆放整齐,有些人正把一堆堆肉分割。(1.106-112)

　　雅典娜注意到,奥特修斯的独子特勒马科斯坐在这群求婚人中间,表面平静却内心焦急。这些由"统治各个海岛的一个个贵族首领"(1.245)和"伊塔卡的众多首领"(1.248)构成的求婚人团体入侵并霸占了国王的家业(1.245-247)。随后的情节表明,这群"当地贵族心爱的子弟们"已然构成了一个利益同盟,他们联手操纵奥德修斯的家奴,霸占他的财产(1.144-151),还左右着伊塔卡的政治权力机构——平民大会(2.84-259)。显然,求婚人内部已然达成某种政治共识:以求婚为名夺取奥德修斯的家产,推翻奥德修斯王族的统治,夺取伊塔卡的统治权(22.49-52)。审慎的佩涅洛佩用自己的智谋拖延求婚人图穷匕现的最后时刻,以确保王子长大成人。随着特勒马科斯成人,王位合法继承者的身份愈加突出,王子的王权和家主意识也日益增强,佩涅洛佩和求婚人都意识到了,眼下彼此之间的均衡态势迟早要打破。

可是,求婚人这个利益群体群龙无首,缺乏一个精明能干,能全面掌控局面的灵魂人物,彼此之间相互勾心斗角。大多数求婚人觉得,维持现状最好,但少数有野心者则志在夺取王权:比如老谋深算的欧律马科斯(1.399-411),野心勃勃的安提诺奥斯(2.85-129),粗暴的勒奥克里托斯(2.242-259),这些野心家是特勒马科斯继承王位的强大障碍。心怀鬼胎的求婚人心照不宣地挥霍奥德修斯的家产,尽管特勒马科斯是伊塔卡王位的唯一继承人,却因自幼受到这股政治势力压制(1.312-315),①没有机会积蓄自己的军事力量,从而毫无抵制能力。随着特勒马科斯长大成人,由于他的王储身份,其处境越发险恶。特勒马科斯已经感觉到,自己非但无法守护王室家财,甚至本人也很可能被除掉(1.250-251)。因此,当雅典娜首次看到特勒马科斯的时候,他表面上安然端坐在求婚人中间,与他们同吃同喝,似乎融为一体,实际上是为了隐藏自己内心的愤怒。然而,双方的平衡状态已经相当脆弱。

另一方面,求婚人群体未敢轻举妄动最重要的原因是:国王奥德修斯的行踪是个谜。这意味着,王者虽然不在场,仍然有一种震慑威力。反过来说,即便王者在场但没有权威,恶势力同样会觊觎王权。有人说,奥德修斯以个人威权而非立法施行统治,因此,他一旦外出,君主个人威权就消失,其财产就自然成了众人作恶的诱饵。其实,法律得靠王权支撑,否则形同虚设。

雅典娜目睹的宴饮场景,是伊塔卡城邦失序的隐喻:一场没有主人的宴饮,客人们自由狂欢,人人做主,上下失位。潜在的主人特勒马科斯和王后佩诺涅佩被排除在外,伊塔卡王室内庭的失序状态,导致城邦内部也陷入不义。诗人让我们看到,在政治恶势力当道的这些年间,奥德修斯家中丑闻不断。伊塔卡人民对王室丑闻表现冷漠,似乎求婚人的恶劣行径与他们的生活毫不相干。这让我们会想到卢梭的说法:人

---

① 按照古老的王位继承原则,"继承权只在男子之间传递"(查士丁尼,《法学总论》,III.1.15;III.2.3),另参库朗热,《古代城邦:古希腊罗马祭祀、权利和政制研究》,谭立铸译,上海:华东师范大学出版社,2006年,页65。

民是否会在乎政治共同体的德性和安危,殊为可疑。倘若如此,伊塔卡城邦政制的重大缺陷究竟何在,就颇费思量:政治秩序难道基于君主依靠个人威权建立起的统治,随着君主本人缺席,其统治秩序也随之分崩离析? 或者奥德修斯还并非成熟的君主,尽管他颇有智慧和谋略,却没有考虑到,自己一旦离开城邦,城邦必然内乱? 倘若如此,成熟的君主意味着深谙人性幽暗的深渊,否则就会太过信任世人? 无论如何,奥德修斯的确是在自己下行到冥府,洞悉过人性的幽暗,尤其是见识过独目巨人的自然状态和费埃克斯人的理想城邦后,最终才成为整顿朝纲、铁腕治国的成熟王者。

雅典娜目睹的宴饮场景展示了王权不在场的城邦状态的三种基本要素:求婚人的恶势力集团,作为王室的佩涅洛佩母子,以及伊塔卡人民。显然,政治紧张仅仅发生在前两者之间,人民仅仅显得是政治冲突的场所。佩涅洛佩母子所代表的王权势力与城邦中的政治恶势力处于相持局面,这种局面随时会因恶势力的主动出击而被打破,一旦城邦陷入内乱状态,人民必然遭受悲惨的际遇。因此,相对于奥德修斯是否还会归来的疑惑,我们更值得追问:失去君主的王国是否还需要重新迎回王者? 除了佩涅洛佩母子,城邦是否期待或应该期待奥德修斯归来?

这样的问题绝非无中生有,如沃格林所言,这是世界历史对政治哲学提出的重大问题:

> 《奥德赛》中政制无序的征候,其范围之广,比《伊利亚特》有过之而无不及。为了军事上的目标,军队在战场上众志成城,不料制度已经病入膏肓,将胜利葬送。因此,理解晚期亚该亚政治文化,两部史诗可谓珠联璧合。如果只知道《伊利亚特》中的制度,那么就难以断定它们是否反映了亚该亚王国的政治秩序,或者只是一支战时联合部队的特殊组织;但是,《奥德赛》证明,兵临特洛伊城下的军队的政制,大体上与王国的政制相呼应。如果单凭《奥德赛》知道群龙无首的伊塔卡王国死气沉沉,那我们就无法判断,它还没那么坏时秩序是如何运作的;但是,《伊利亚特》表明了这一种政制运作起来是有效率的,至少能够保证打胜仗。①

———————

① 沃格林,《城邦的世界》,陈周旺译,南京:译林出版社,2012年,页147。

然而，希腊人的战绩越辉煌，城邦内部的败坏越令人担忧。求婚人群体其实代表贵族势力，或者说，荷马诗作记录了古希腊政制从君主制转向贵族制的历史时刻。城邦会铭记第一代建城者的名字和建城时间，把建城者与天上的神意联系起来，从而，王权世袭具有了神圣的合法性。但是，这种权杖的神性并不能保障王权政制的永不旁落，随着贵族势力的成长，新生的政治人自然会重新寻求当年因部落统一被迫失去的权利。随后的问题是：要么推翻王制施行少数人统治的贵族制，要么施行君主制与贵族制的混合。

无论哪种情形，选择都取决于如何回答这样一个问题：王者对一个政治共同体来说是必不可少的吗？由此来看，《奥德赛》讲述的是一个王者自我认知和自我锻造的故事，这对当时的希腊人来说的确是一个切实的政治哲学问题。我们看到，诗人荷马讲述的这个故事，同时也是一个王者与城邦相互寻找，相互认识的故事。失去君主的伊塔卡看似生活得自由自在，人人平等，各自做主，似乎文明程度很高。然而，这个城邦却因失去君主的引领而陷入不义与恶斗，内乱一触即发。

在奥德修斯离开的二十年间，开始时因君主的余威还在尚能维持正常秩序，自第 17 年开始，随着城邦对君主威权的记忆消褪，求婚人团伙开始觊觎对城邦的支配权。[①] 奥德修斯离开的二十年是伊塔卡逐渐失去秩序的二十年。从王族到长老会的贵族，以及构成求婚人主体的一百多名贵族领主，几近彻底败坏。蛰伏二十年的储君特勒马科斯能凭靠人民整治腐败吗？他让传令官通知召开平民大会，对人民的代表们哭诉。一些百姓对王室困境表示深深同情，但绝大多数人依然表现冷漠。面对求婚人欧律诺摩斯、安提诺奥斯的公然挑衅，特勒马科斯指望获得人民的代表们——伊塔卡民众的支持，然而他对城邦的首次公开演说并未获得支持，尽管获得绝大多数民众的同情，但是他们依然表现得保守而怯懦，一方面人民对这位法定的未来君王表现出顺从与臣服：

> （特勒马科斯）这样激动地说完，把权杖扔到地上，
> 忍不住泪水纵流，人们深深同情他。

---

① 在奥德修斯离家的第十七年，特勒马科斯即将长大成人时，求婚人就开始"霸占"奥德修斯的王宫（2. 89-90）。

> 整个会场寂然无声息,没有人胆敢用
> 粗暴无力的言辞反驳特勒马科斯。(2.80-84)

另一方面,当求婚人安提诺奥斯当众斥责、侮辱特勒马科斯时,伊塔卡人却沉默不语。只有当伊塔卡城的上空盘旋着象征城邦死亡凶兆的苍鹰时,公民大会的代表们才"个个震惊、心中疑虑,将会发生不测的事情"(2:158-159)。荷马的诗行印证了卢梭对民众心性的看法:人民天然不会有关切共同利益的德性,他们对于城邦的现状和未来漠不关心,仅对个人利益得失斤斤计较。悲愤的门托尔如此诅咒善忘的伊塔卡人民:

> 伊塔卡人啊,现在请你们听我说话,
> 但愿再不会有哪位执掌权杖的王者仁慈、
> 亲切、和蔼,让正义常驻自己的心灵,
> 但愿他永远暴虐无度,行为不正义。
> 若是人们都已把神样的奥德修斯忘记,
> 他曾经统治他们,待他们亲爱如慈父。
> 我不想指责那些厚颜无耻的求婚人。
> 做事强横又暴戾,心地狡诈不纯良,
> 他们拿自己的生命冒险,强行消耗
> 奥德修斯的家产,以为他不会回返。
> 现在我谴责其他参加会议的人们,
> 你们全都静默地安坐,一言不发,
> 人数虽多,却不想劝阻少数求婚人。(2.229-241)

门托尔的话还没来得及在民众中引起反应,求婚人集团中的勒奥克里托斯就起身反驳他,实际上勒奥克里托斯是在威胁广场上的民众:"为果腹同众人作对不是件容易的事情"(2.245)。随即他就"遣散了广场的集会",好像主持大会的不是王子,而是他。刚刚还可能被门托尔的话激起反抗求婚人的民众们,此刻如同驯服的羔羊般被驱赶回圈,"纷纷回家,各人作各自的事情"(2.258)。政治共同体的大多数人"性如湍水",他们成为国王与贵族发生冲突时的争夺对象,双方在势力均衡时,都期待将民众拉入自己的阵营。民众的认同成了执政权力的合法性来源,殊不知,古风时期的诗人早就向我们指明了大多数灵魂的天性:柔弱易折。因此无奈的门托尔才会发出如此诅咒,沃格林认为门托尔的诅咒意味着伊塔卡的无序已经波及人民,面对由无耻贵族组成的求婚人集团,伊塔卡的人民"患得患失,令人作呕":

> 腐烂已经到了人民,如果将来王权一朝沦为暴政,那他们也是罪有应得。①

人们难免感到诧异:离城之前,奥德修斯为何没有为城邦留下忠诚而有力的城邦卫士?好的君主政体从来离不开贤者阶层的支撑。我们看到,在特勒马科斯召集的平民大会上,现身支持他的门托尔是贵族,奥德修斯出发前曾将城邦交托给他。然而,伊塔卡政治态势恶化的现实反衬出门托尔的失职,这表明奥德修斯识人不明。他似乎对自己的统治和城邦都非常自信,没有考虑到,城邦会遗忘他,甚至背叛他。由此来看,门托尔是个贵族阶层中的贤者,但他缺乏能力。

在《奥德赛》头两卷,荷马就让我们看到一个失序城邦现状,城邦内部的成员都失去了灵魂中的正义。这样的问题并非荷马时代才会遇到,毋宁说,这是政治状态经常会遭遇的情形。如果要说古人伟大,那么,他们的伟大就在于,懂得政治状态的永恒问题是统治阶层的灵魂秩序问题——如政治思想史家沃格林所言:

> 荷马的卓越成就,在于他用我们已经研究过的朴素符号,为理解灵魂而奋斗。荷马敏锐地捕捉到,一个社会的无序,就是社会成员灵魂的无序,特别是统治阶级灵魂的无序。②

结束"失序的城邦"这一节之前不妨回顾一下,陷入内乱的伊塔卡失去了什么?除了君主不在,在这个城邦里也看不到任何敬神的祭祀。换言之,伊塔卡失去了礼法秩序,随之而来的是政治乱象。母邦的失序和危机逼迫特勒马科斯离乡乞援,或者说,特勒马科斯的离乡动机是被迫自保,这与奥德修斯的离乡动机不同,前者的处境无疑更为紧急和危

---

① 沃格林,《城邦的世界》,前揭,页170。
② 同上,页177。

险。王子特勒马科斯在绝境中只好到外国求援,在今天的我们看来,荷马笔下的这个故事颇有现代国际政治的味道。

三、涅斯托尔的虔敬与叹息

特勒马科斯首先向皮洛斯人求援。这个城邦与后来出场的斯巴达、斯克里埃岛最大的区别是,皮洛斯人似乎最为虔敬。在《奥德赛》卷3开篇我们看到,特勒马科斯临近皮洛斯城海岸线时,他让船停泊在城邦边缘,因为,这时有数千皮洛斯人正在宽广的海滩上献祭震地神波塞冬,全城海祭的场面庄重肃穆——这场献祭堪称荷马笔下最为壮观的全城祭祀:

> 当地的居民们正在海滩上奉献祭礼,
> 把全身纯黑①的牯牛献给黑发的震地神。
> 献祭的人们分成九队,每队五百人,
> 各队前摆着九条牛作为奉献的祭品。(3.4-9)

为什么诗人让这个初次踏出国门的王储见识一场如此庄严肃穆的祭祀?踏上异邦土地的特勒马科斯看来相当尊重当地的习俗,他一直等到皮洛斯人献祭结束,才让自己的船队驶入港湾,停船登岸。关于古代城邦的祭祀,库朗热曾写道:

> 每个氏族都有它特殊的祭祀仪式。在希腊,证明某人同属一氏族的回答是:"他自长久以来,就参与了这个共同的祭祀。"……氏族的神只保佑他的本族人,不接受外族人的祷告,外人不准参与祭祀,古人以为,若外人参与祭礼,甚至只列席了祭祀,就会得罪氏族的神,族人都因此获得个大不敬的罪名,……没有比同氏族人之间的关系再密切的了。由于共同祭祀的关系,他们在生活中互相帮助。②

---

① 献祭黑色的牺牲一般都是用于祭祀冥府(或神秘)的力量,不过波塞冬与冥府的哈得斯一样,是地下神灵的,见 A Commentary on Homer's Odyssey, p. 160 n. 6。

② 库朗热,《古代城邦:古希腊罗马祭祀、权利和政制研究》,前揭,页93。

踏上皮洛斯岛的土地后,诗人让我们看到,少年特勒马科斯相当尊礼,哪怕是异邦的礼法。此外,从整个第三卷来看,诗人都在突出皮洛斯人敬神的品质。继开场浩大的海祭波塞冬仪式之后,诗人让我们看到,涅斯托尔的幼子佩西斯特拉托斯在招待两位异乡客——化作门托尔的雅典娜与特勒马科斯之前,先邀请他们向波塞冬献酒奠(3.44-45),宴请结束后,皮洛斯人仍在"行完祭奠,又尽情地喝过酒"后才各自安歇(3.342)。诗人告诉我们,皮洛斯人的虔敬来自他们的如下信念:"所有凡人都需要神明的助佑"(3.48)。然而,吊诡的是,在特洛伊之战结束后,希腊盟军内部出现分裂,皮洛斯王涅斯托尔本人的虔敬却受到质疑。当时,阿伽门农为首的"祭祀派"与墨涅拉奥斯为首的"速归派"在何时返乡的问题上产生了分歧:

> 墨涅拉奥斯要求全体阿开奥斯人
> 立即沿着大海宽阔的背脊回返,
> 阿伽门农全然不同意,因为他想
> 让人们留下奉献神圣的百牲祭礼,
> 消除雅典娜令人畏惧的强烈愤怒。(3.141-145)

在这场分裂中,涅斯托尔支持墨涅拉奥斯阵营,极力主张全军迅速返乡。阿伽门农主张,希腊人应该留下来,举行神圣的百牲祭,以平息雅典娜"令人畏惧的强烈愤怒"(3.145)。涅斯托尔则反对说:

> 愚蠢啊,殊不知女神不会听取祈祷,
> 永生的神明们不会很快改变意愿。(3.146-147)

雅典娜的在场,使得英雄涅斯托尔对雅典娜等诸神的抱怨既显得有谐剧意味,又深含严肃的问题。阿尔菲瑞德(Alfered)认为,涅斯托尔的"速归派"实际上选择了一条更为艰险的返回路线,他在诸神的帮助下,才能迅速平安抵家。[①] 但是,阿尔菲瑞德忽略了文本中的一个关键细节:涅斯托尔固然承认,受神明指示自己才能平安返回(3.172),但他在前面已经认定,宙斯压根儿不想让希腊人平安返乡。正是由于

---

① *A Commentary on Homer's Odyssey*, p.170.

自认为看穿了宙斯的意图,涅斯托尔抱怨父神 σχέτλιος [残忍无情] (3.160)。由此来看,涅斯托尔在 146‒147 行的叹息使得他下令全城向波塞冬祭祀的动机就显得可疑:既然涅斯托尔认为神并不看重凡人的祭祀,他为何号令全城大张旗鼓地祭祀呢?

看来,卷 3 的叙事显得颇为吊诡:皮洛斯国王本人都不相信神圣祭祀的意义,开场时呈现的如此壮观的全城祭礼场景又有何意义呢? 按照古史学家库朗热的看法:

> 古人城邦祭祀的主要礼仪是这样一类(人神共餐共饮)的共餐,在这种公餐中,全体公民都集中起来,一齐向城邦的保护神敬礼。公餐的习俗,在希腊各处都有,古人相信城邦的命运与公餐的兴废有关。《奥德赛》中有对皮洛斯人公餐的描述,古人又称这种公餐为神餐,餐前与餐后都必须祷告和祭奠一番。①

这种人类学式的史学知识并不能让我们解惑,但提醒我们注意到一个意味深长的细节:涅斯托尔的小儿子佩西斯特拉托斯没有认出伪装的雅典娜,误将女神当作普通异乡客款待,在邀请女神分享祭祀公餐之前,先祭祀皮洛斯城邦的守护神波塞冬。藏在凡人面相背后的智慧女神雅典娜没有揭穿真相,而是顺应了佩西斯特拉托斯的邀请,以凡人身份向波塞冬行祭祀礼。但是,诗人知道雅典娜的真实身份,而且让作为读者的我们知道她的真相,这意味着,雅典娜是以虚假身份参加这场祭祀的。因此,诗人在描述完这一颇具谐剧色彩的场面后,随即点破雅典娜祭祀的虚假:"女神这样祷告完,她自己正实现一切"(3.62)。由于敬拜者本身是神,雅典娜能自主地实现自己的祈告,但她所祈告的对象并非自己,而是另一个自己无需依赖和仰靠的神。换言之,这个雅典娜的假祈告细节很有可能暗示,皮洛斯的王者涅斯托尔自身就有能力和智慧实现自己向神祈告的平安归家的愿望。说到底,王者的虔敬其实是一种表演,其目的是要同伴和子民安心跟从他的指挥,军心和民心都有所凭靠。涅斯托尔像雅典娜一样,心知肚明地假装很虔敬。

涅斯托尔不无得意地告诉特勒马科斯,他与善谋的奥德修斯想法一致,在盟军的大小事务上,两人都有相同的判断和意见。唯独在返航

---

① 古朗热,《古代城邦:古希腊罗马祭祀、权利和政制研究》,前揭,页 93。

这件事上,两人出现了巨大分歧。涅斯托尔向特勒马科斯提到他父亲,其实是在暗中批评奥德修斯的智慧不如自己。涅斯托尔要让特勒马科斯懂得的智慧是什么呢?

《奥德赛》第三卷是整部史诗中唯一一处描述全城祭祀的场面,我们还应该注意到,自从特勒马科斯一行入踏皮洛斯境内以来,各种敬神仪礼和场景不断出现。尽管诗人在第三卷向特勒马科斯呈现了一个虔敬的城邦,但诗人的内在叙述却呈现出与文本表面的明显矛盾:率领全城公祭的国王内心其实并不相信神对凡人的允诺。表面上遵守城邦习俗,向城邦守护神施行祭礼的异邦人(女神雅典娜),其实内心并不相信她当下的祭祀行为,反之,雅典娜女神则暗指那些并不信仰外邦守护神的异邦人。倘若如此,荷马笔下的天神与人君之间的关系,就显得相当含糊。在古代城邦中,国王掌管城邦祭祀,承载着政治首领与宗教首领的双重身份,城邦王位属于"第一个建立城邦祭坛的人",这意味着国王的权力与诸神密不可分:

> 在古代,城邦的首领或君主并非由武力而获得,若说第一位君主是一位幸运的战士,那就错了,君主的权威出自圣火宗教,一如亚里士多德所说。宗教在城邦中立君主,就像它在家庭中立家长一样。①

但是,皮洛斯王的虔敬在诗人叙事手法的铺陈之下显得可疑,看似敬神实则不然,皮洛斯城邦人民的虔敬也可疑吗? 未必如此。卷3 开头的祭祀场景是人民在祭祀,王者不在城邦。这意味着,皮洛斯城邦的君主利用宗教对城邦施行教化颇为成功,使得王权有稳固的基础,民众顺从王权如同敬重神权,即便王者不在城邦,也没有出现伊塔卡那样的混乱。从这个角度反省伊塔卡失序根源,我们至少可以得到一个暂时的答案:伊塔卡的王权不如皮洛斯稳固,是因为城邦的基础缺乏宗教,仅仅依靠王者的个人权威。由于伊塔卡的王权缺乏宗教基础,王权更迭就会出现权力争夺。事实上,伊塔卡在失去君主的二十年间,王权的维系很可能基于民众对奥德修斯个人魅力的记忆,一旦这种记忆消失,各色有政治爱欲的人(求婚人)便成为王权最有力的觊觎者。

---

① 　古朗热,《古代城邦:古希腊罗马祭祀、权利和政制研究》,前揭,页163-166。

按涅斯托尔的回忆，善谋的奥德修斯在归程祭祀上显得立场摇摆，他先是追随"速归派"的涅斯托尔一方，在归程途中却又与这派产生激烈纷争，造成希腊盟军第二次分裂。这次分裂导致奥德修斯率部离开涅斯托尔和斯巴达王墨涅拉奥斯的队伍，返回特洛伊追随阿伽门农的"祭祀派"。诗人设计的这一情节突转让读者从侧面认识到了虔敬的另一面：人对神的虔敬并不意味着，神必然会应答凡人的祈告。① 不同意献百牲祭的"速归派"虽历经周折，最终平安返乡，专程留下献祭的阿伽门农和奥德修斯，并没有得到祈告所希望的东西。尽管如此，特勒马科斯在这个虔敬的城邦首先学到的是让人民敬神，这是城邦政治秩序的基础。诗人让我们看到，无论是佩涅洛佩，还是奥德修斯当年留下的城邦护卫门托尔，都没有为城邦举行过祭祀典礼，更不用说避世于乡下的先王。如今的实证式古典学家会说，皮洛斯全城海祭的动机是什么呢？城邦是否曾陷入一场内在的血腥动乱，亟需祭祀来净化城邦？即便考古发掘证明有这么回事，但诗人并没有提到全城海祭的动机。如果我们宁愿从荷马那里学到智慧，而非从如今的实证科学那里学到知识，那么，我们就应该认为，卷 3 开场的海祭的浩大场面要揭示的是礼法与城邦王政有某种隐秘关系。

表面虔敬、内心精明的王者涅斯托尔面对特勒马科斯的哭诉，显得无动于衷，尽管印证了传闻中伊塔卡被无赖求婚人霸占的现状，权衡利弊后的涅斯托尔对特勒马科斯溢于言表的期待始终不表态，反而劝特勒马科斯要信奉神明的眷顾，相信伊塔卡会在女神的帮助下恢复安宁。对于涅斯托尔的精明势利，年轻气盛的王子特勒马科斯忍不住反驳说：

> 尊敬的老前辈，我看你的这些话难实现，
> 你的话太夸张，实令我惊讶。我诚然期望，
> 但不会实现，即使神明们希望也难成。（3.225-228）

---

① 格里芬认为《奥德赛》中的神明正义虽方式不同，但无处不在，意义重大，正如宙斯在《奥德赛》第一卷所昭示的，"人类的苦难是他们无视神明指令的结果。故而他认为《奥德赛》的意义并非在于讲述一个英雄冒险的故事，史诗始于众神对于史诗英雄命运的干预，人物的命运轨迹无一不是神意的安排，换言之，荷马的英雄世界是一个没有偶然性的世界"。格里芬，《荷马史诗中的生与死》，刘淳译，张巍校，北京：北京大学出版社，2015 年，页 165。

见到特勒马科斯公然说出渎神的话，化身门托尔的雅典娜忍不住出言批评，并反驳说神会按自己的意愿成就一切。不过，涅斯托尔虽然对神的说法不置一词，但是他仍然维持着表面的虔敬。随后，他向特勒马科斯讲述了阿伽门农离开特洛伊，回城之后死于一场阴谋的经过。涅斯托尔追忆中的阿伽门农是一个敬神且尊崇习俗的英雄，他虽着急返程，却仍能为风暴中死去的同伴举行葬礼，然而这样一个虔敬的王者却落得一个被妻子与情夫合谋杀死在自己的王宫里的悲惨下场，史诗的情节突转无疑消解了城邦虔敬与幸福之间的必然性。明知道敬神未必能如愿，王者仍然尊重与护佑民众脆弱的心智，这是特勒马科斯在皮洛斯应该学到的知识。

四、王者应如何看待自己的自然欲望？

特勒马科斯离开皮洛斯时，很可能不免失望。因为，离开伊塔卡时，为回击无耻的求婚人安提诺奥斯的挑衅，他曾自信地扬言，会从皮洛斯或斯巴达搬来救兵，灭杀求婚人，让他们"领受可悲的死亡"（2.315-320）。逞一时口舌之勇后，特勒马科斯来到皮洛斯，没料到涅斯托尔会如此精明势利。起初，他只是试探性地向涅斯托尔提到，伊塔卡和母亲如今深陷惨境，期待涅斯托尔主动出手相助。精明老练的涅斯托尔避重就轻，不接话题。特勒马科斯只好转而打探父亲音讯，绝口不提希望涅斯托尔出兵相救。特勒马科斯没有得到任何实质性承诺离开了皮洛斯，在雅典娜指引下，由涅斯托尔之子佩西斯特拉托斯陪伴，向往斯巴达向国王墨涅拉奥斯乞援。

卷4开篇第一句就提到斯巴达的地势："群山间平旷的拉刻岱蒙"（4.1）。对于以农业为主的古代城邦而言，斯巴达城背靠大陆的自然地理条件相当优越，与四面环海的岛国伊塔卡相比，斯巴达明显更利于农耕业。按现代政治地理思想（如孟德斯鸠）的观点，不同的自然环境，似乎会给城邦和民性带来不同的影响。在卷6我们会看到，斯克里埃岛的自然环境与伊塔卡相似，似乎海岛式的城邦更容易陷入内乱。

两位少年到达墨涅拉奥斯的居所时，王室恰好在举办盛大婚宴：墨涅拉奥斯正既嫁女又娶媳妇。他遵守自己先前与阿基琉斯的约定，把女儿嫁往婿郎当王的米尔弥冬城，又为儿子娶到斯巴达贵族之女为新妇。这一爱欲隐然在场的情节意味着，身为斯巴达的王，墨涅拉奥斯正处于十年来最为欢畅和得意的时刻。我们知道，他是为数不多的几个能从特洛伊战争中平安归来的英雄之一，而且实现了希腊人参与特洛伊战争的全部目的：财富和女人。他的妻子海伦被诱，则是这场漫长战争的起因。

诗人为什么如此设计情节？为什么让潜在的王者特勒马科斯和佩西斯特拉托斯恰好出现在斯巴达国王感觉自己人生最为圆满的时刻？荷马希望王学到何种政治智慧？

首先应该注意墨涅拉奥斯在《奥德赛》中如何出场。当故友之子特勒马科斯刚来到"声名显赫的"墨涅拉奥斯居所时，他正与王族亲友们饮酒作乐，欣赏歌人与优伶的歌唱和舞蹈。墨涅拉奥斯机敏的侍伴埃特奥纽斯见到两位异乡少年后，没有立刻把他们带到宴饮席前，而是急忙向国王禀报，试探性地询问如何应付外面两位"仪容有如伟大的宙斯"的异乡人：热情款待还是请客人离开？由此可见，即使在墨涅拉奥斯最为放松和高兴的时候，他的侍从依然严阵以待守护王者的权威，丝毫不敢懈怠。特勒马科斯初到皮洛斯拜见国王涅斯托尔的情景，与此完全不同：

> 涅斯托尔和儿子们坐在那里，同伴们
> 在他们近旁准备饮宴，又烤牛肉。
> 他们看见来客，全都一个个走上前，
> 伸手欢迎客人，请客人一起入座。
> 涅斯托尔之子佩西特拉托斯首先走近，
> 紧紧抓住两人的手，邀请他们饮宴。(3.32-37)

与殷勤好客的涅斯托尔相比，斯巴达王显得严厉且谨慎，不轻易相信人。在高朋满座的宴席上，他毫不客气地训斥侍从的愚蠢，似乎对他没有友善接待异乡客非常生气(4.30-36)。按荷马时代的宾客权(the law of hospitality)，如何接待外乡人既体现教养，也是一种礼法规定：

> 希腊人非常注重宾客权，主客任一方若违反都会招来众怒甚至"神的报复"(宙斯是宾客之神)，帕里斯受到墨涅拉奥斯贵宾般

的款待,却拐走后者的妻子,因而违反了宾客权。①

可见,侍从的迟疑多少让墨涅拉奥斯在众多宾客面前失了面子。为了挽回这一局面,墨涅拉奥斯下令快去迎接来客。尽管如此,深谙墨涅拉奥斯脾性的侍从仍然没有马上把特勒马科斯和佩西斯特拉托斯立刻带到宴席,而是待两人沐浴更衣后,才将他们带到墨涅拉奥斯身旁落座。为什么斯巴达国王对两位王子的到来很兴奋?难道真的是他有教养和遵守礼法?其实,婚宴场合正好是国王展示显赫财富的机会,墨涅拉奥斯似乎很喜欢向众人显示自己的财富和奢华。事实上,他听到了特勒马科斯向佩西斯特拉托斯倾诉,自己非常羡慕墨涅拉奥斯的财富,接下来诗人就让墨涅拉奥斯谈起理想城邦。

特勒马科斯一直对自己的家财被求婚人剥夺耿耿于怀,换言之,他首先关切的不是城邦安危,而是如何保住自己即将继承的家财。特勒马科斯对皮洛斯城邦规模宏大的全城祭祀无动于衷,毫不诧异,如今他却对墨涅拉奥斯的王宫之美惊讶不已:

> 二人一见,惊诧神裔王者的宫殿美,
> 似有太阳和皓月发出的璀璨光辉,
> 闪烁于显赫的墨涅拉奥斯高大的宫殿里。(4.43-45)

诗人让我们看到,未来的伊塔卡王特勒马科斯并不在意异邦的德性品质,对主人的怠慢也毫不在意,酒足饭饱之后,他与佩西斯特拉托斯窃窃私语,话题仍然是财富和奢华:

> 涅斯托尔之子,我的知心好朋友,
> 你看这些回音萦绕的宫室里到处是
> 闪光的青铜、黄金、琥珀、白银和象牙。
> 奥林波斯的宙斯的宫殿大概也是这样,
> 它们多么丰富啊,看了真令我羡慕。(4.71-75)

---

① 德罗伊森著,《希腊化史:亚力山大大帝》,陈早译,上海:华东师范大学出版社,2017 年,页 8 注 1。ξενία 一词特指古希腊人习俗中访客之谊。

这一细节表明,这位潜在王者并不知道,什么是真正的王权。王子并非生下来就有王者品质,真正的王者需要教育。① 诗人没有说特勒马科斯有"孩子气",也没有说他肤浅幼稚,缺乏政治嗅觉。这让我们想起,随后在第六卷,诗人以相同笔法描述了奥德修斯初次到达陌生城邦时第一反应,这似乎在暗示,返乡的奥德修斯才是特勒马科斯值得效仿的榜样,因为奥德修斯才是成熟的王者。

奥德修斯首先关心这个陌生城邦是否正义和虔敬,而非富饶抑或贫穷。对于费埃克斯人"受到神明赏赐的"天然环境和丰饶物产,奥德修斯只是带着"歆羡""伫立观赏",并不感到惊异。诗人以相同笔法描述了奥德修斯在国王阿尔基诺奥斯"似有太阳和皓月发出的璀璨光芒"的宫殿前表现:他在"青铜宫门前,站住反复思虑"(7.83)。诗人没有交待奥德修斯内心在思虑什么,但他显然对宫殿的华美毫无兴趣,而是在意异乡城邦的德性品质。诗人让我们看到,在相同的场景,奥德修斯父子的表现如此不同。这种差异既突显了特勒马科斯在德性上的欠缺,也昭示了奥德修斯离乡-返乡的意义:伊塔卡城的政治失序表明,奥德修斯在离乡前与现在的特勒马科斯相似,欠缺治邦的政治德性。

可以说,《奥德赛》前三卷以特勒马科斯为主角,以他的视角既展示奥德修斯离乡后的伊塔卡城的政治失序,又以特勒马科斯代指离乡前的奥德修斯,从而展示了王者德性对于城邦的极端重要性。从特勒马科斯成长为奥德修斯,这之间的距离就是奥德修斯20年异乡漂泊的历练。由此可以理解,为何在随后的二十卷中,诗人着力记叙奥德修斯作为王者的历练和成长。

诗人并没有停留于奥德修斯父子两代王之间的对比,在头四卷出场的两个王者即皮洛斯王和斯巴达王,同样经历了九死一生的离乡才重返城邦,他们与尚未出场的伊塔卡王奥德修斯形成了内在的比照。与奥德修斯不同,斯巴达王更为看重城邦自然条件,渴望永久的丰饶,

---

① 对比色诺芬在《居鲁士劝学录》中描述的外公阿斯提亚格如何教育年少的波斯王子居鲁士,可见奥德修斯外出征战的二十年间,在对王子特勒马库斯的教育上,佩诺涅佩与老王拉埃尔特斯没有担负起教育王储的职责。中译参见色诺芬,《居鲁士的教育》,沈默译笺,北京:华夏出版社,2007年,第一卷。

似乎是为打消异乡人对自己财富的觊觎,他向两位"陌生"的异乡少年,即实际上的潜在王者①,描述了一个理想美地——利比亚,这是一个有着得天独厚的地理环境,能远离战事纷争,且土地出产极为丰富的遥远国度。独特的自然优势确保了利比亚的财富能"永存不朽",正如"宙斯的宫殿和财富永存不朽"。

显然,作为斯巴达之王,墨涅拉奥斯心中的理想国的首要特征是:永久持存的财富。他羡慕利比亚拥有无需辛苦争取,仅凭宙斯神赐予便能拥有的不朽丰饶,而非如他一般要"忍受了无数艰辛和漂泊",要出生入死十八年后才能把这些令世人艳羡的财富运回斯巴达。治邦者的眼界决定了城邦的整体品质,而特勒马科斯还是少年,难免目光短浅,尚未具备真正的王者眼光,容易受到自然欲望的诱惑。相比之下,外出征战多年的返城王者则因经历丰富而老练和精明,信奉如今所谓的政治现实主义。

表面上看,特勒马科斯与斯巴达王对理想国度的描述差异颇大:一个羡慕眼前的财富,一个渴望永久的富饶,但就其本质而言,两人都受自然欲望驱使,崇拜财富,不关注城邦的德性品质。因而,特勒马科斯与墨涅拉奥斯之间的差异仅仅是前者的治邦经验和人世经验的双重欠缺所致,本质上两人皆受自然欲望支配。此外,墨涅拉奥斯本质上是个相当势利的人,从他对特勒马科斯以及伊塔卡的艰难处境的冷漠(并没有向故人之子施以援手,而对方的生父为他出征十年,生死未卜),他后来赠送特勒马科斯的礼物也由三匹马和一辆马车转为一口调缸。至此,特勒马科斯出城之后,先后见了两位王者:涅斯托尔和墨涅拉奥斯。

王者品质代表着城邦品质,墨涅拉奥斯在特勒马科斯身份识别上的行事,表现出他精明、虚伪和冷酷的本质。在回忆往事时,墨涅拉奥斯虽然流露出悔意与伤感(4.95-100),却在特勒马科斯表明自己的故

---

① 《奥德赛》第三卷对涅斯托尔之子佩西斯特拉托斯的描述语是:士兵的首领。从史诗描述佩西斯特拉托斯与特勒马科斯两人相处的细节来看(3.36-37、3.400-401、4.69-75),涅斯托尔可能有与伊塔卡政治联姻的意图,他指使最小的女儿波吕卡斯特为特勒马科斯沐浴、打扮(3.464-465)。他派出儿子佩西斯拉托斯陪特勒马科斯前往斯巴达求援,似乎颇有暗中观察墨涅拉奥斯实力和行动的意图。

友之子的真实身份后,一再怀疑他的来意和动机(4.116-120)。特勒马科斯哭诉,母邦伊塔卡在求婚人的逼迫下,奥德修斯的家国处境凶险,然而墨涅拉奥斯内心仍冷漠地在计算得失。事实上,老谋深算的墨涅拉奥斯早就从特勒马科斯与奥德修斯酷肖的相貌中猜到什么。经过几次试探,他故意提到奥德修斯,眼见对方的反应激动难抑时,才肯最终确认异乡少年的真实身份。不过,墨涅拉奥斯太世故,太精明,故意不点破真相,心里反复盘算:究竟是等特勒马科斯主动讲述来历,还是亲自挑明。这种盘算背后隐藏着墨涅拉奥斯对于个人财富得失的计较,其实,之前的涅斯托尔与后来出场的海伦都明确提到,特勒马科斯与奥德修斯有着极其相似的容貌。不过,涅斯托尔与墨涅拉奥斯一样世故,直待特勒马科斯自己说出身份后,他才承认父子两人相貌极其相似,唯有天真的海伦在与特勒马科斯初次见面时,就明确指出了这一点。诗人在第一卷,就有这样的笔法:让雅典娜向特勒马科斯说出他与父亲奥德修斯有"惊人的相似"(1.209)。但是,外形酷肖并不意味着灵魂类型一致,特勒马科斯得等到奥德修斯对其施行王者教育后,他才可能成长为合格的王者。

墨涅拉奥斯面对曾生死与共的战友奥德修斯遗孤的困境和城邦的危机毫无恻隐之心,遑论出兵相助。虚伪精明的墨涅拉奥斯最后只想通过礼赠四轮马车,赶快打发特勒马科斯二人离开斯巴达。诗人通过勾画王者墨涅拉奥斯的势利和虚伪,让我们看到他的城邦受制于人性的自然欲望。倘若联系柏拉图在《王制》(又译《理想国》)中描述的城邦的三个等级,那么,墨涅拉奥斯治下的斯巴达差不多可对应于猪的城邦,即城邦的最低阶段。这类城邦受欲望牵引,仅满足于生存需要,追求物质丰裕,毫不关心城邦的正义和邦民的德性。

某种程度上讲,皮洛斯王和斯巴达王都是诗人为王子特勒马科斯的灵魂历险所设计的两类王者德性:或虔敬或精明。学会辨识灵魂的不同德性,正是特勒马科斯的灵魂成长必不可少的历练。只有见识了不同的灵魂德性,才会认识到城邦品质与王者品质息息相关的重要性,才会理解其父奥德修斯的高贵与智慧,对于一个德性的城邦何其重要。

因此,在《奥德赛》头四卷,诗人荷马隐身于诗句中,他没有借笔下人物之口说,何种城邦值得追慕。通过平行描述第一卷中失去王者的伊塔卡,第三卷涅斯托尔治下的皮洛斯,第四卷墨涅拉奥斯治下的斯巴达,以及第六卷的费埃克斯人国度,诗人悄然呈现了自己对城邦品质的评断:城邦的品质取决于王者拥有何种品质。

结语:王者古今有别?

在卢梭的《爱弥儿》"游历"一章中我们读到,爱弥儿的老师比较了西班牙人、法国人、英国人和德国人外出游历时的不同特点。他认为,相对于法国人关注艺术、英国人好访古迹、德国人追慕名人,只有西班牙人外出游历能给自己的国家带回有益的东西,因为他们首先关心"该国的政治制度、风俗和治安状况"。①

卢梭紧接着就引入古今对比:古人虽极少外出游历,彼此之间却知根知底,而今人呢,虽相处同一个时代,却彼此隔阂重重。卢梭列举了荷马和希罗多德、塔西佗笔下的例子,并告诉我们,这些伟大的古代诗人和史家具有穿透时空的眼光,乃因他们拥有深邃的凭靠政治经历得来的政治见识。古人看重叙述而非论述,原因亦在于此:只有通过展示政治经历,我们才能懂得,古人对于人世的透彻认识远非今人所能比拟。

---

① 参卢梭《爱弥儿》中译本,前揭,页694。

论文

普罗米修斯与民主的秘密（下篇）

——阿里斯托芬《鸟》绎读

刘小枫 *

（中国人民大学文学院）

　　摘　要：埃斯库罗斯笔下的普罗米修斯形象是否有现实原型？柏拉图的《普罗塔戈拉》让我们看到，普罗塔戈拉这样的智识人是普罗米修斯的现实原型。在埃斯库罗斯的普罗米修斯与柏拉图笔下的普罗塔戈拉之间，还有阿里斯托芬的《鸟》，其中虽出现了普罗米修斯，但主要的戏剧角色是佩斯特泰罗斯。在埃斯库罗斯的普罗米修斯三联剧与柏拉图的《普罗塔戈拉》之间，阿里斯托芬的《鸟》很可能起着承前启后的作用。

　　关键词：阿里斯托芬　普罗米修斯　乌托邦　自由　雅典民主

第三戏段　祭献新神受阻

　　插曲过后，戏进入第三场：佩斯特泰罗斯和欧厄尔庇得斯在忒瑞斯的鸟巢吃完饭回来。但我们看到的不是他们吃饱了的样子，而是已经长出翅膀的样子，想必忒瑞斯在宴请时放进了那个神奇的草药。翅膀是鸟性的标志，鸟性的本质是爱欲，因此，翅膀标志的也是爱欲。但是，爱欲也有差异，带翅膀的爱欲是试图飞上天的爱欲，而非老老实实待在地上的爱欲，或者更为确切地说，是不再受到礼法约束的爱欲。两位雅典来人看不到自己带翅膀的样子，只能看见对方带翅膀的样子。佩斯特泰罗斯说，欧厄尔庇得斯带翅膀的样子实在好笑，欧厄尔庇得斯则告诉佩斯特泰罗斯，他带翅膀的样子同样可笑。换言之，这两个雅典人都

---

　　*　作者简介：刘小枫（1956－　　），男，重庆人，神学博士，中国人民大学文学院教授、博士生导师，主要从事古典学、政治哲学、中西古典思想等研究。

只看到对方的好笑,却看不到自己的好笑。如果说这两个雅典人表征着两种不同的想要飞上天的爱欲类型,那么,这两种爱欲类型都看不到自己飞上天后的可笑样子,只能看到对方可笑的样子。阿里斯托芬似乎在向观众提示接下来的剧情指南:我们看到,剧情从这一场开始有了新的发展。

鸟儿队长前来请示两位雅典人,下一步应该干什么,佩斯特泰罗斯回答说,第一要务是为鸟儿城邦取名,然后是祭献诸神。佩斯特泰罗斯为鸟儿城邦首先想到的名称是,借用斯巴达这个城邦名,这意味着,他企望鸟儿城邦是个军事化的有战斗精神的城邦。

这一提议马上遭到欧厄尔庇得斯反对,我们不难理解,对于向往舒适自在的欧厄尔庇得斯,斯巴达的清苦无异于地狱。鸟儿队长在一旁提示,应该从山里、云里、空气中动脑筋,为鸟儿城邦取名。这一建议启发了佩斯特泰罗斯,他突发奇想,建议用鸟儿的叫声给鸟儿城邦命名:"云中咕咕城"(Νεφελοκοκκυγία;行801-836)。这个名称以鸟儿在云中的叫声与"城邦"一词合拼而成,由于带"云"这个词,我们可以断定,阿里斯托芬在挖苦自己的老朋友。

佩斯特泰罗斯得到鸟儿队长和欧厄尔庇得斯的赞同,鸟儿城邦的命名就这样定了。接下来是为鸟儿城邦选择守护神。与先前建议斯巴达相反,这次佩斯特泰罗斯建议,选与雅典相关的雅典娜为守护神。看来,佩斯特泰罗斯脑子里具有代表性的政制,不出希腊范围。

这个建议再次遭到欧厄尔庇得斯反对,看来,进入鸟儿城邦建设阶段后,两位雅典人的分歧越来越大。鸟儿队长建议,以波斯鸟为镇国之鸟,由于两位雅典人相持不下,就干脆同意了鸟儿队长。这意味着,鸟儿城邦最终以三个一流民族中的波斯民族为标志,从而在名义上是一个非希腊的政制。

接下来该进入实际的城邦建设阶段了。佩斯特泰罗斯吩咐欧厄尔庇得斯飞上天去,帮鸟儿砌城墙,而且具体指派了两类活儿:一类是下力活,诸如运石子、拎泥浆什么的,还要站岗、打更;另一类是文宣活,派两个信使分别上到天庭和下到人间宣布鸟儿城邦的成立,然后回来向佩斯特泰罗斯汇报。至于佩斯特泰罗斯自己,则负责向新神献祭。

佩斯特泰罗斯给欧厄尔庇得斯派活,违背了他的意愿,因为他是要来享福的,没想到佩斯特泰罗斯让他去艰苦创业。欧厄尔庇得斯显然很有些不乐意地离去后,再也没有回来——他乘机溜掉啦。

　　戏现在才演到一半，欧厄尔庇得斯就离场，从戏剧结构上讲，明显具有戏剧性意义。可以设想，从佩斯特泰罗斯对忒瑞斯和鸟儿的启蒙中，欧厄尔庇得斯很可能已经醒悟到什么。我们记得，佩斯特泰罗斯劝说忒瑞斯时，欧厄尔庇得斯在一旁没说话。佩斯特泰罗斯启发鸟儿时，欧厄尔庇得斯没有反对，仅仅是因为他明白，只有说服了鸟儿，自己才能摆脱被鸟儿吃掉的危险。如今，佩斯特泰罗斯给他分派艰苦活儿，让他醒悟到，鸟儿城邦的构想与鸟儿对自己的生活方式的理解有差异，或者说与鸟儿自己对鸟性的理解有差异。

　　鸟儿把自己的生活理解为受自然爱欲支配的生活，而佩斯特泰罗斯则要鸟儿改变自己的鸟性，在空中替他建立一个鸟儿城邦，以此肩负一个宏伟使命。欧厄尔庇得斯溜掉再也不回来，意味着他与佩斯特泰罗斯分道扬镳，不愿再跟随自己的雅典同志，借此机会去过鸟儿所理解的自然爱欲支配一切的鸟儿式生活。

　　这兴许也就是忒瑞斯所向往的生活，因为，在鸟儿唱合唱之前，忒瑞斯就一去不复返。可以推想，当他听完佩斯特泰罗斯对鸟儿的启蒙教育，他就感觉味道不对，与自己所理解的本真的鸟儿生活不符。欧厄尔庇得斯在整个下半场缺席，表明了追寻鸟儿式生活或自由生活的两面性：基于自然爱欲的自由与基于政治爱欲的自由。

　　现在，剧情单向地朝着追求基于政治爱欲的自由继续发展。

　　欧厄尔庇得斯走后，佩斯特泰罗斯就开始献祭新神（行848）。鸟儿队长马上兴奋起来，表示愿意一起献祭（行853－854）。佩斯特泰罗斯感到不对劲，因为这样一来，等于鸟儿给自己献祭。鸟儿现在已经是神，鸟儿给自己献祭等于神给神献祭，显然荒唐。佩斯特泰罗斯对鸟儿队长的高兴劲儿非常懊恼，正在这时，上来一个人间祭司，佩斯特泰罗斯急中生智，马上让这祭司来主持献祭，才扭转了鸟儿向鸟儿献祭的荒唐局面。

　　祭司开始祷告，呼叫"保护鸟的灶神，保护灶的鹞鹰，所有奥林珀斯的男鸟神、女鸟神"，祈求他们保佑鸟儿城邦中的鸟儿（行878）。人间祭司念了一大堆鸟儿的名字，这些鸟儿实际上都有归属：不是奥林珀斯山上的鸟儿，就是苏尼昂的神的海鸥、皮托和得洛斯的天鹅。人间祭司的呼叫无异于区分了两类鸟儿，使得鸟儿城邦中的鸟儿仍然不是新神。佩斯特泰罗斯感觉到不对，要祭司呼叫别的鸟儿名，但祭司仍然没有直接呼叫出鸟儿城邦中的鸟儿这个新神的名称。这意味着，人间祭司根本就没想到或根本就想不到世上还有鸟儿城邦之鸟这类鸟儿,毕竟,鸟儿城邦之鸟不过是佩斯特泰罗斯的虚构。

佩斯特泰罗斯见祭司实在叫不出鸟儿城邦之鸟这类鸟儿,就说"不用你了,我自己来献祭吧"(行894)。他呼告说:"向有翅膀的神祷告吧。"(行901)佩斯特泰罗斯现在已经有翅膀,也算是新鸟,如此呼叫等于在向包括他自己在内的所有鸟儿祷告。换言之,既然现在是佩斯特泰罗斯在献祭,如此呼叫等于是佩斯特泰罗斯在向自己献祭。这当然让人发笑,但如此谐剧笔法不也表达了非常严肃的东西吗? 哲人飞上天后把自己当神,然后自己向自己献祭。事实上,这一呼叫让我们想起鸟儿队长的神谱中唱颂的爱若斯。当时,鸟儿队长特别提到爱若斯的同性恋取向,于是,男同性恋爱欲或政治的爱欲脱颖而出。

佩斯特泰罗斯刚刚呼叫"有翅膀的神",一个显得落难兮兮、留着长发的诗人应声而来,他一上场就吁请缪斯赞美鸟儿城邦。这是传统诗人咏唱的起兴句,然后自称专唱"甜蜜歌词",是"缪斯的热心仆人"(行910)。诗人的出现让佩斯特泰罗斯感到奇怪:怎么消息传得那么快。诗人告诉他,早在多年前自己就曾写诗讴歌鸟儿城邦,现在得知佩斯特泰罗斯真的建了鸟儿城邦,闻讯马上赶来讴歌。看来,这个诗人的本性就是讴歌鸟儿城邦,他称佩斯特泰罗斯为"立邦之父"(行928)。佩斯特泰罗斯觉得这诗人是个疯子,叫祭司把自己的外套脱了给诗人,让他披着祭司外套赶紧走路。诗人赖着不肯走,非要咏唱不可。佩斯特泰罗斯只得赶他走,诗人拿了外套离开时,发誓要礼赞新生的鸟儿城邦。

诗人的到来打断了佩斯特泰罗斯的献祭进程,诗人走后他刚要接着献祭,又来了个预言家(a soothsayer),自称波俄提亚的预言大师巴克斯(Bakis)的门人,还说自己的老师巴克斯的书中已经说起过鸟儿城邦。佩斯特泰罗斯问预言家,为什么不在鸟儿城邦实际建立起来之前来预言(行964),预言家回答说:"天意不许。"(行965)

由此看来,诗人和预言家实际上都先于佩斯特泰罗斯知道鸟儿城邦,这表明,佩斯特泰罗斯本以为鸟儿城邦是自己的发明,其实诗人和先知们早就知道了,只不过从来没有实现过。佩斯特泰罗斯同意听预言家的指导,预言家于是告诉他,首先应该向潘多拉献祭(行971),而且献祭的东西不能少,穿的、喝的、吃的都得有,否则没可能变成"空中的鹰"(行978)。

我们记得,鹰是宙斯王权的来源。佩斯特泰罗斯听了一怔,但马上镇定下来,说自己也懂预言,自己的师傅是阿波罗,说按阿波罗的神谕,自己有权打冒充的预言家。预言家还想嘴硬,佩斯特泰罗斯真的动手要打,才把预言家吓跑。

佩斯特泰罗斯自己搞献祭第二次被打断,但与上次被打断不同,这次佩斯特泰罗斯还没缓口气,第三个打扰他的家伙就来了。这次来的是个历法家,手里拿着尺子、圆规之类,自称专丈量大气面积(行995)。佩斯特泰罗斯问他是谁,与诗人和预言家不同,来人没有报自己的专长,而是说自己名叫默通(Meton),在希腊和科诺洛斯远近闻名。这个名字从希腊原文来看就是编的,因为原文的意思就是"尺度、衡量"。看来,这个家伙懂几何和天象,他对佩斯特泰罗斯说,"大气的形有如一口大烘炉"(行1000),也就是说,大气的形是圆的,他得用尺子先给大气画出直线,然后把圆变成方的,才能确定位于城邦中心的市场及其延伸出去的各条道路。

墨通显得是为鸟儿城邦订规划而来,按照他的设计,城邦的市场应该"犹如星体,本身虽是圆的,直的光线却从此照耀到各处"(行1004-1008)。这下子可把佩斯特泰罗斯给镇住了,他惊呼自己简直是遇上了泰勒斯。泰勒斯是远近闻名的自然哲人的祖先,佩斯特泰罗斯的惊呼让我们得知了默通的真实身份:他是个自然哲人。我们由此也知道,所谓自然哲学包含几何术、天象术等,相当于如今的理科。看来,与诗人和预言家不同,自然哲人天生就是做城邦设计的。

在《云》剧中,苏格拉底也有默通手里的这类丈量工具:老农斯特瑞普西阿得斯听苏格拉底的学生说,苏格拉底靠这类工具为自己的弟子们搞到丰盛的晚餐(《云》行175-180,95-96)。自然哲人既不像诗人那样穷酸,也不像预言家那样装模作样,尤其重要的是,他根本不提祭神的事情,而是用城邦规划代替了祭神。

佩斯特泰罗斯岂不是遇到了一个本家?的确如此。佩斯特泰罗斯自己就是这类人,所以他二话不说,要默通赶紧走人,但态度与对诗人和预言家有所不同。他对默通说,"你知道我爱你,听我的话,偷偷溜吧"(行1011),"这里的人也排外哦"(行1013)。言下之意,这里的城邦民容不得他。看来,由于佩斯特泰罗斯与默通属于同类,他要赶走默通,就得假借人民的名义。佩斯特泰罗斯不需要默通,似乎意味着,他建立的城邦不再需要老套的技艺。

与赶走诗人不同,佩斯特泰罗斯说,默通是骗子(行984,行1015),这话也对预言家说过。他还说自己同样懂预言,当然也懂默通的行当,因此,佩斯特泰罗斯表明自己集预言家和自然哲人为一身。

默通逃下后,紧接着来了个城邦视察员(a supervisor),也就是城邦官员,他自称"当选为云中咕咕城的视察员"(行1023)。"当选"是雅典民主政制的用词,这表明他是雅典城邦派来的。当时,雅典城邦会选出某个公民去视察雅典的属国,所以,他一上场就问:"外侨代表在哪儿啦?"佩斯特泰罗斯先问是谁派他来的,最后问"你愿意不愿意光拿钱不干事就回"(行1024-1025)。城邦视察员表示愿意,佩斯特泰罗斯马上采取暴力,让视察员"带着投票箱子滚蛋"(行1032)。

最后一个打搅佩斯特泰罗斯搞献祭的是个出售法令的家伙,他竟然跑到崭新的城邦来兜售雅典颁布的"新法律条款"(行1037)。佩斯特泰罗斯对他没二话可说,径直用暴力驱赶。这时,城邦视察员嚷嚷着跑回来,声称已经把佩斯特泰罗斯告到法庭,罪名是伤害人身(行1047),出售法令的家伙也跟着起哄。这两位显然是雅典民主政制的代表:城邦视察员代表政治制度,出售法令的人则是这种制度下的官吏。换言之,他们两人代表佩斯特泰罗斯要逃离的政治制度,所以,佩斯特泰罗斯对他们一点儿不客气。可这两个家伙偏偏赖着不走,这让佩斯特泰罗斯感到,旧制度不会自动退出历史舞台,非用暴力不可。佩斯特泰罗斯没想到城邦视察员竟然也扬言要"处死"他,于是再外加了罚款一万元(行1052)。

第三戏段就这样结束了,我们看到:佩斯特泰罗斯要为新城邦命名和向神献祭,但他仅完成了前一桩,献祭则老被打断,最终没有完成——这意味着什么呢?

首先值得思考的是,为新城邦命名和向神献祭被放在同一场戏,两件事情之间是什么关系呢?我们看到,为新城邦命名后,欧厄尔庇得斯就一去不回,这表明他已经意识到,自己的生活理想与佩斯特泰罗斯的生活理想不和。佩斯特泰罗斯的抱负是建立最佳城邦,这一理想的实现必然要与传统的既存政制决裂。佩斯特泰罗斯为自己建立起来的最佳城邦向新神献祭一再受阻,表征新旧政制的关系。

佩斯特泰罗斯为鸟儿城邦命名后,一方面指派欧厄尔庇得斯去砌城墙,一方面自己亲自主持献祭,可见,这个最佳城邦的创建者依然没法彻底抛弃习俗。但传统祭司没法完成新城邦所需要的献祭,佩斯特泰罗斯只得取代祭司,自己充当新城邦的祭司角色。换言之,即便佩斯特泰罗斯想要稳妥起见保留最为基本的习俗,也没有可能做到。由此看来,对于我们理解 20 世纪出现的一些新政制,这一情节非常富有启发意义。

佩斯特泰罗斯为自己的最佳城邦向新神献祭一再受阻,又意味着什么呢?

我们看到,打断佩斯特泰罗斯献祭的人先后共五位:诗人、预言家、哲人、城邦视察员、出售法令者。自然哲人居中,唯有他被佩斯特泰罗斯看作自家人,而且恰恰从他开始,干预献祭的事由变了。虽然就其职分而言,诗人和预言家与传统的神权政制关系最为贴近,但他们愿意为佩斯特泰罗斯的新城邦出力,无论是唱赞歌还是给予实际的政治指导。最重要的是,他们似乎早就有关于最佳城邦的想法。尽管如此,佩斯特泰罗斯不需要他们,因为,他们关于最佳城邦的构想与佩斯特泰罗斯的构想不符。默通是第三位干预者,他也自觉自愿要为新城邦出力,要按自然法则规划新的城邦,唯有他被佩斯特泰罗斯看作自家人。这意味着,佩斯特泰罗斯也是依据自然法则来创构最佳城邦。

由此可以设想,诗人和预言家虽然早就有最佳城邦的构想,却并非以自然法则为基础。可是,佩斯特泰罗斯为什么也不需要默通?也许可以说,不需要默通与不需要诗人和预言家在性质上有差别:佩斯特泰罗斯从自然法则出发,但比默通的理想更为高远。默通志在新的城邦规划和建设,佩斯特泰罗斯志在铸造更为根本的城邦制度的精神品质。可以设想,按默通的设计,像城邦视察员或出售法令者这类旧制度人员,还是可以留用的,但在佩斯特泰罗斯看来,必须彻底砸烂旧制度,才能真正建立新制度。

佩斯特泰罗斯赶走五位来者时,对后面四位都扬言要采用暴力,甚至真的采用了暴力,唯独对诗人没有采用暴力。当时,佩斯特泰罗斯仅仅要祭司把外套脱下来给诗人,然后让他走人,似乎这两类人的角色可以互换:诗人穿上祭司外套就成了祭司。由此看来,佩斯特泰罗斯取代的实际上是传统祭司—诗人的角色。由此可以理解,他与默通虽然是一家人,却又与默通在精神品质上不同。

佩斯特泰罗斯献祭新神最终没有搞成,结果会如何呢?

第二插曲　鸟儿祭献新神

第二插曲由两段鸟儿的合唱和两段鸟儿队长的咏唱组成。鸟儿的合唱一开始就宣告：

> 所有的凡人从今以后都将给我们献祭，向我们祷告；我们统治万方……

显然，鸟儿觉得自己已经代替了宙斯神族，不仅接受献祭，而且接管了宙斯神族的治权；不仅成了神，也当了王。但这仅仅是鸟儿自己以为如此而已，实际上，鸟儿所说的自己当王后给凡人的好处，不外乎杀死一切害虫，而宙斯神族的能耐显然多得多。这是否意味着，鸟儿已经意识到自身的局限？无论如何，与第一插曲相比，鸟儿的口吻不再那么得意了。

随后，鸟儿队长模仿雅典城邦对城邦敌人处以重刑，宣称要对捕鸟者施以重刑。鸟儿在佩斯特泰罗斯启发下已经自称是神，却仍然害怕捕鸟者，可见鸟儿还是心虚。任何统治都不仅仅只有软的一面，还有硬的一面。雅典城邦宣布处死宣扬无神论的哲人狄阿戈拉斯（Diagoras of Melos）和"某个已死的僭主"（行 1074-1075），同样，鸟儿队长宣布，处死捕鸟者菲洛克拉特斯，还要求凡用鸟笼关鸟儿的人，马上释放笼子里的鸟儿。鸟儿的严厉惩罚措施明显针对追捕和囚禁自己的捕鸟者，雅典城邦的重刑则针对无神论者和僭主，如此对比意味着，无神论者和僭主对雅典城邦来说是最大的敌人。

鸟儿队长颁布法令后，鸟儿歌队又唱起合唱（antistrophe［短歌次节]），讴歌起自己来："我们是幸福的鸟儿。"（行 1088）这次鸟儿自夸，鸟儿在一年四季中都能活得舒服自如：冬天不怕寒，不像世人得穿多点，夏天怕热，可以藏身"鲜花盛开的草地和阴凉的树叶丛中"（行 1095-1096）。与第一插曲一样，鸟儿又提到与女神和神女——林泽神女（nymphs）和美惠女神（the Graces）和睦相处。对于爱欲的第一后代来说，这很容易理解。

插曲的最后一段（antepirrhema［后言次段]）显得突兀，鸟儿以歌队身份咏唱，似乎在参加一场城邦举办的歌咏比赛。为了得奖，鸟儿想拉拢赛会评判员,只要他们给歌队评奖,就给他们种种正当和不正当的好处,如果不给歌队评奖,他们就会吃不了兜着走。这意味着,天上的最佳城邦建成后的直接后果是,地上城邦的生活制度随即败坏。换言之,阿里斯托芬很可能暗示,哲人理想导致的直接现实恶果是:败坏现实生活的品质和秩序。

整个来看,第二插曲是第一插曲的继续,第二插曲中两首鸟儿合唱短歌构成对称,主题是鸟儿与自然的关系,鸟儿队长的两段咏唱构成对称,主题是鸟儿与城邦的关系。鸟儿合唱与鸟儿队长的咏唱的对比,与第一插曲一样,展现出鸟儿的本真或原初生活方式与新生的鸟儿城邦的对比:自然爱欲是鸟儿的本真或原初生活方式的品质,新生的鸟儿城邦则既背弃雅典城邦,又背弃诸神。

第二插曲是鸟儿对自己的咏唱,这可以看作鸟儿自己对自己的献祭。第二插曲接续第一插曲,而第一插曲的内容是佩斯特泰罗斯对鸟儿启蒙的结果。因此,从实质上讲,第二插曲是对佩斯特泰罗斯的献祭。佩斯特泰罗斯现在已经是鸟儿城邦中的一员,他要搞的献祭就是献祭他自己。换言之,在前面老被打断的献祭,现在由歌队替他完成了。

第四戏段　城邦刚建成时……

于是我们看到,佩斯特泰罗斯一出场就宣布,"咱们的祭祀很顺利"(行1118)。显然,现在就等砌城墙那边的消息了,但佩斯特泰罗斯似乎有些焦急。不一会儿,一只鸟儿信使飞来报告,"城墙砌好啦"(行1124)。鸟儿信使称佩斯特泰罗斯为"老爷",原文其实是"统治者"(ἄρχων,行1123)。这种称呼表明,鸟儿城邦的真正统治者不是鸟儿,而是人而鸟的雅典人佩斯特泰罗斯。看来,鸟儿已经意识到,谁是真正的新神。

鸟儿信使兴奋地对佩斯特泰罗斯说,城墙砌得太神气啦,"真是一个十分漂亮、十分宏伟的工程"(行1125)。佩斯特泰罗斯听了也兴奋得不行,赶紧问谁建造的。鸟儿信使说,"没有埃及砖匠,没有石匠,没有木匠,统统是[鸟儿]自己一手作成"(行1133)。显然,这不是一个实际的城邦,而是各类鸟儿叽叽喳喳砌成的城邦,或者说言辞的城邦。鸟儿信使还说,城门也安装好,"周围都布置了警卫"(行1158)。可见，鸟儿城邦毕竟有城邦品质，非常政治，严防外敌入侵。

城墙砌得如此之快，鸟儿队长感到不可思议，连创意者佩斯特泰罗斯也感到难以相信："简直像是假的，不像是真事。"（行1167）鸟儿队长和佩斯特泰罗斯并非难以相信能在大气中砌起城墙，而是城墙居然砌得如此迅速。其实，这并不难以理解：仅仅在言辞上砌起一个城邦，当然快得很。

佩斯特泰罗斯正在高兴，突然另有一只鸟儿信使慌里慌张来报，说是"打宙斯那里来了个什么神"（行1172），趁乌鸦卫兵一不留神飞进了鸟儿城邦。由于慌张，鸟儿没看清是个什么神，只知道有翅膀，并说已经派出包括特种部队的鸟儿军去拦截。

佩斯特泰罗斯万万没想到，城墙刚砌好就要打仗，他当即下令追剿来神。非常搞笑的是，佩斯特泰罗斯呼吁鸟儿拿起的武器，大都是人间打鸟儿的家伙（行1186）。鸟儿队长应声而出，宣布"战争爆发了"（行1189），招呼"所有鸟儿都来保卫冥荒所生的云雾弥漫的天空"（行1194），阻止诸神进犯。

鸟儿城邦建成后爆发的第一场战争，是与诸神的战争。反过来说，诸神不允许鸟儿在佩斯特泰罗斯的唆使下建立城邦，哪怕是言辞的城邦。用政治哲学的语汇来表达：礼法传统禁止哲人思考在人世间建立理想国的可能性。我们看到，鸟儿其实还没有搞清来神的来意，甚至连究竟是个什么神都还没看清楚。换言之，与诸神的战争其实是佩斯特泰罗斯挑起的，鸟儿起初并没有想到要与诸神作对。

佩斯特泰罗斯带领众鸟儿追上来神，问来神是谁，来神说自己是"从奥林珀斯诸神那里来的"，名叫绮霓丝（Iris，行1202）。佩斯特泰罗斯觉得奇怪：这个名字不像神名啊，再看她穿戴得花花绿绿，也不像神的样子。他下令逮捕绮霓丝，但鸟儿好像压根儿没听见似的——为什么呢？也许因为鸟儿见到这女神也有翅膀，以为是同类，再不然是因为看到绮霓丝长得很漂亮，燃起了爱欲。

其实，绮霓丝并非宙斯派来进攻的，而是自己漫游时瞎走，无意中闯进了鸟儿城邦。佩斯特泰罗斯不相信绮霓丝是意外闯进鸟儿城邦，她肯定买通了哪类鸟儿。佩斯特泰罗斯责问绮霓丝，进城为何不经守城的鸟儿警卫盖戳，绮霓丝听得一头雾水，说自己根本没有遇到什么守城的鸟儿。显然，新的鸟儿城邦根本就没有砌成什么城墙，也没有鸟儿警卫把守，毕竟是言辞的城邦嘛。这下子佩斯特泰罗斯才明白过来，要靠鸟儿的力量来与宙斯斗不可能，只能靠自己。

佩斯特泰罗斯对绮霓丝厉色道：这里不能随便乱串，绮霓丝当依法判处死刑（行1221）。判刑而且是死刑这一说法表明，鸟儿城邦并非没有法，但这种所谓的法不过是佩斯特泰罗斯的一句言辞，有如人世间的僭主或暴君的法。

绮霓丝听了佩斯特泰罗斯的判决，仍然一头雾水：咱是不死的神哦，判死刑有什么意思啊。佩斯特泰罗斯气得不行，与诸神直接交锋的第一个回合就无法还手，只得蛮横地说："不死的也得死。"（行1224）这话在鸟儿听来实在寒心，因为，经过佩斯特泰罗斯的启蒙，鸟儿已经以为自己是不死的（行688）。鸟儿没有认识到，佩斯特泰罗斯的启蒙其实是蒙骗，因为佩斯特泰罗斯故意混淆了神的不死性和世人或鸟类的不死性的差别：世人作为一个族类可以说是不死的，但每个个体的人会死；同样，作为一个族类的鸟儿也是不死的，但每只鸟儿都会死。神的不死性与世人或鸟儿的不死性的差异恰恰在于，作为个体的每个神是不死的。佩斯特泰罗斯要处死绮霓丝，针对的恰恰是作为个体的每个神的不死性，这意味着他想要勾销神的神性。然而，即便勾销了作为个体的每个神的不死性，自由主义的"自由"仍然会在每个个体的人的必死性面前撞得粉碎。

佩斯特泰罗斯只好转而摆出新王的样子，问绮霓丝要去哪里，这里可不是可以随便通过的哦。似乎，即便你们神属于不死的一类，也得对我佩斯特泰罗斯称王。绮霓丝说，"我从宙斯那儿来，到世人那儿去"（行1230），通知世人献祭，山上的神们要闻烤肉的香气了。可见，宙斯神族还一点儿不知道鸟儿城邦已经建成，或者说，佩斯特泰罗斯吩咐欧厄尔庇得斯派鸟儿信使去上天通知宙斯神族，鸟儿压根儿就没办，宙斯神族仍然以为自己是天和地的王子。佩斯特泰罗斯干脆现在直接通知来自宙斯神族的绮霓丝：

> 现在鸟儿是世人的神了。世人要向鸟儿献祭，不敬他妈的宙斯了。（行1236-1237）

这话表明，所谓佩斯特泰罗斯所谓的成为神，意味着成为世人的神。换言之，没有世人也就没有神。佩斯特泰罗斯以为夺取了人的献祭，就可以取代宙斯神族。佩斯特泰罗斯本来要处死不死的神，这样就可以彻底否定神性,因为不死性是神性的谓词,但他失败了。现在,他把神的存在说成依赖于世人的存在,由此掏空了神性的本质。佩斯特泰罗斯与绮霓丝的交锋,可以看作哲人试图取消传统神性的两次努力。非常有意思的是,西方近代的无神论也这么做。

绮霓丝对佩斯特泰罗斯的张狂感到吃惊,警告佩斯特泰罗斯小心点儿,"正义女神(Dike)将用宙斯的霹雳"让整个世人灭掉(行1239-1242)。诗人让我们看到,宙斯对付造反者的惩罚非常严厉。但佩斯特泰罗斯一听这话,反倒一下子像被注入鸡血:竟然抬宙斯出来压老子,老子要造反的恰恰是宙斯。不过,佩斯特泰罗斯的回答没有说,宙斯根本就不存在。换言之,佩斯特泰罗斯并非无神论者,他嚷嚷说,"宙斯要是再跟我捣乱,我就叫带着火的鹞鹰烧光他的宫殿"(行1246)。

佩斯特泰罗斯真有这能力吗? 他威胁要对绮霓丝非礼,其实他是个同性恋,这样说不过是要气气宙斯神族的女孩子而已。

这时歌队插入了一段唱词:

> 我们禁止宙斯所生的诸神再来这里,他们不许再经过我们的城邦,世人也不能再把地上的牺牲香气献给天神。(行1264-1267)

这里的"我们的城邦"(τὴν ἐμὴν πόλιν)其实是单数,歌队似乎在唱出佩斯特泰罗斯内心里的言辞:城邦的人民认同佩斯特泰罗斯这样的哲人带领他们造诸神的反。诗人让我们看到,鸟儿见佩斯特泰罗斯把绮霓丝气走,高兴得很,以为已经成功封锁诸神去往人间的通道。这时,先前派去人间宣布禁止向诸神献祭禁令的鸟儿信使回来了,并汇报说:"所有下民敬佩你的智慧,请你加上金冕。"(行1273)佩斯特泰罗斯意识到,封锁宙斯神国的事情,鸟儿帮不上忙,但改变人间统治秩序的事情,鸟儿却可以帮上忙。反过来说,佩斯特泰罗斯要带领世人造宙斯的反,就非得与鸟儿合作不可。施特劳斯说:"只有作为一只鸟来讲话,为鸟儿讲话,佩斯特泰罗斯才能克服苏格拉底没能力克服的困难。"倘若如此,我们难免会好奇,诗人笔下的鸟儿究竟喻指人世中的哪类人呢? 难道是如今的传媒知识人? 但那个时候并没有这个类别的知识人。

信使说,下民献给佩斯特泰罗斯金色王冠,是因为敬佩他的智慧,也就是他的哲学思想。佩斯特泰罗斯接受了王冠,他知道凭自己的智慧受之无愧。但他想具体知道,世人是否清楚,他因哪方面的智慧和成就足以获得王冕。这里我们再次看到,在鸟儿城邦真正当王的是佩斯特泰罗斯。

鸟儿信使用一长段戏白回答佩斯特泰罗斯的问题,说他的智慧体现在倡议建立空中城邦,提供了彻底改变人世间生活方式的前景。此前,所有人都疯爱斯巴达城邦——所谓拉孔尼亚人(Laconizer)是斯巴达人的别称,他们"留着长头发,饿着肚子,也不洗脸",这都是由于苏格拉底这个极端自制和忍耐的怪人;现在不同啦,地上所有人都疯爱鸟儿式的生活。我们记得,欧厄尔庇得斯与佩斯特泰罗斯的性向不同,然而现在呢,佩斯特泰罗斯建立言辞的空中城邦后,结果是所有世人都奔欧厄尔庇得斯的情趣方向去了:没有礼法约束的自然爱欲的自由。

鸟儿信使的这段长白为我们提供了两种生活方式的对比:凭靠礼法的生活和没有礼法的生活——也就是自然的生活,说到底,也就是智术师提出的自然与礼法的对立。世人过去热爱斯巴达,是因为他们热爱礼法;一旦经过启蒙,世人意识到自然比礼法更好,世人就不再热爱礼法,而是热爱自然的统治:这就是自由民主政制的本质。诗人让我们进一步看到,即便是佩斯特泰罗斯这样的人建立起的是言辞上的自由城邦,也会彻底改变地上城邦的生活方式。

信使还说,如今世人纷纷在改名,选一个鸟儿作自己的名字。从鸟儿信使提到的这些人来看,鸟儿信使说的都是雅典人。换言之,雅典人的日常生活没有变,变的是雅典日常生活的方式:如今,"所有人都因喜欢鸟儿而在唱歌啦"(行1305)。

最后,信使预告,马上"就要有一万多人到这儿来,他们都想要一副翅膀以及鸟的生活方式"(行1311)。佩斯特泰罗斯听了当然喜不自胜,马上吩咐准备翅膀。鸟儿为即将到来的新移民兴奋不已,"大家都爱我们的城邦"(行1314),可见,鸟儿已经对这个在空中用叽叽喳喳的言辞建立起来的城邦有了爱国情怀——用孟德斯鸠的说法,也可以叫做有了"政治美德"。这完全可以理解,因为,鸟儿认为自己的城邦"有智慧、有热情,有非凡的风雅,和悦的安静(Hesychia)"。①

----

① 比较福山,《历史的终结及最后的人》,陈高华译,桂林:广西师范大学出版社,2014。

智慧、热情与安静的结合,恰是欧厄尔庇得斯的情趣,即低俗的鸟儿情趣,而非佩斯特泰罗斯的精神——提坦式的造反精神。换言之,鸟儿与佩斯特泰罗斯仅仅在表面上一致,双方都还没有认识到这一误会。但在为即将到来的新移民准备翅膀的羽毛时,问题多少有些暴露出来:鸟儿提醒佩斯特泰罗斯要给羽毛分类,这意味着翅膀也有类别之分,或者说世人也有品质类别之分。鸟儿提到三类翅膀:唱歌鸟[缪斯鸟](Music birds)的翅膀、占卜鸟(prophetic birds)的翅膀和海鸟(sea birds)的翅膀。

果不其然,随之上来的恰好有三类人。第一个上来的是"逆子",他想要变成"高飞的鹰",因为他"爱上了鸟儿的法律"。由此可见,鸟儿的生活方式同样是一种依法而治的生活,正如今天的我们一听见依法而治就以为正确,根本不问所依的法是什么法:是维护自然欲望的法,还是管束自然欲望的法。

佩斯特泰罗斯问他:"你要哪条法律?鸟类的法律很多。"这位年轻人回答说,只要是鸟儿城邦的法律,他都喜欢,但最喜欢这样一条法律:在鸟儿城邦,吃父亲、杀父亲是高贵之举,因为他想要掐死他爸,以便尽快得到家产。看来,这热切想过鸟儿生活的家伙其实并非真的渴望鸟儿式的生活方式,而是想利用鸟儿城邦的法律来达到他在受礼法约束的世间难以达到的目的。

佩斯特泰罗斯觉察到这家伙来鸟儿城邦的动机不纯,就含蓄地对年轻人说,鸟儿城邦也继承了"一条古老的法律",这就是老鸟带大小鸟后,小鸟得抚养老鸟。言下之意,殴打父亲在鸟儿城邦算是高贵的表现,但掐死父亲就不是啦。殴打父亲和掐死父亲之间的区别可不小哦。这个想掐死老爸的家伙一听,马上表示,倘若如此,那还不如不来鸟儿城邦。佩斯特泰罗斯赶紧送他回去,但同时送了他一副翅膀,一把距刺,一顶鸡冠,劝告他回去后最好不要打老爸。送他这些东西,是因为佩斯特泰罗斯看出,这家伙有好斗天性,因此劝他去当兵,这样的话,他老爸会活得好。这位年轻人走时居然表示,会听佩斯特泰罗斯的话。

这段戏表明了什么呢?人世间有些家伙即便上到空中要过鸟儿式的生活,佩斯特泰罗斯也会觉得过于邪门了,不能让他们过鸟儿式的"非法法也"的生活,仍然必须用人世间的礼法约束他们。宙斯神可以阉割自己的父亲克洛诺斯,但在宙斯的神权制度下,宙斯不许可世人模仿他阉割自己的父亲。佩斯特泰罗斯这时意识到,神与人还是有差别,并非所有人都适合成为神,因此,即便在鸟儿的新秩序下,殴打父亲更别提掐死父亲或乱伦之类,绝对不许可。

在上一场戏中,我们看到有五位来客打断佩斯特泰罗斯对自己的献祭,现在我们看到,有三位新移民在佩斯特泰罗斯完成自我献祭后想参与他建立的新城邦。换言之,如今佩斯特泰罗斯已经成了新神,三位新移民将建立起新的人神关系。佩斯特泰罗斯禁止父亲,表明这个新神仍然觉得,自己的这个城邦如果要保持基本秩序,还得有某些伦理底线。

我们现在值得想起佩斯特泰罗斯在前面驱逐天象学家默通的那个情节,因为,在《云》中我们看到,殴打父亲与研究天象有因果关系。在这里,年轻人希望在新城邦寻求弑父的法律依据,天象研究提供的自然法则似乎正可以提供这样的依据,因此,默通研究天象同样危害城邦秩序。佩斯特泰罗斯对待两者的态度也非常相似:把他们哄走。不过,佩斯特泰罗斯哄走想要弑父的年轻人显得很容易,哄走默通却困难得多,原因很简单:要默通放弃研究天象很难。

第二个申请移民的是个诗人,名叫基涅西阿斯(Kinesias),他一上场就哼出两行情场老手式的诗句。随后,他与佩斯特泰罗斯的对白一路都在歌唱。诗人说他愿变成"吐着清音的夜莺"(行 1380-1381)。佩斯特泰罗斯让他别再歌唱,而是用言说方式表达。诗人仍然唱着说,他希望佩斯特泰罗斯给他一副翅膀,"从云中采撷新意",因为诗人的诗艺全靠天空中漂浮的云彩:

> 我们的这门技艺(η $\tau \acute{\epsilon} \chi \nu \eta$)就靠着这个,那些漂亮的辞句还不就是什么太空呀,阴影呀,苍穹呀,你听听就明白啦。(行 1387-1390)

佩斯特泰罗斯越让基涅西阿斯别再唱,他越要唱,而且越唱越得意。佩斯特泰罗斯干脆动用暴力,阻止诗人唱下去,遑论给他翅膀。不过,佩斯特泰罗斯并没有驱赶诗人,反倒问他是否愿意留在城邦,教大众心性的鸟儿们合唱。诗人毫不犹豫地拒绝了,看来他并没有与鸟儿一起生活的愿望,而仅仅想要鸟儿的飞翔能力。佩斯特泰罗斯虽然讨厌这个一心向往云彩的诗人,却想要他留下,这表明佩斯特泰罗斯持有一种信念:应该让大众心性的人学会向往在天空飞翔,而且相信他们能学会,就像后来 18 世纪的某些启蒙哲人所相信的那样。

上一戏段提到了五位来人,只有居于中间的哲人有名有姓,这里提到三位从地上人间的来者,也只有中间的这位诗人有名有姓。哲人与诗人都是人间城邦中掌握特殊"技艺"的少数人,其技艺也有一些共同特征:高渺和难以理解。佩斯特泰罗斯对诗人和哲人的态度明显不同:他驱逐默通,却给基涅西阿斯礼物,还劝他留下,即便他的诗很臭。看来,佩斯特泰罗斯的鸟儿城邦不需要哲人,仍然需要诗人。

最后一个想加入鸟儿城邦的来人是个传案人(sycophant),他一上来就向佩斯特泰罗斯要翅膀,也就是说,他急切地想要飞。传案人坦率地说,有了翅膀他就可以逃避海盗,因为他经营的案子都涉及外国,需要越海(行 1430)。佩斯特泰罗斯说他年纪轻轻就不务正业,"靠着跟外国人打官司"赚钱,劝他干别的什么都行,总之别干打官司这样的不正当职业。

年轻的传案人不愿听从劝告,非要翅膀不可。佩斯特泰罗斯只好对他说,"言语"($\lambda\acute{\epsilon}\gamma\omega\nu$)就是翅膀,因为言语能鼓动人飞起来(行 1440-1445)。传案人不明白这话什么意思,佩斯特泰罗斯进一步解释说,听别人劝告就是"被言语鼓动飞起来"。佩斯特泰罗斯的说法无异于向传案人揭示了法庭论辩修辞的真相,反过来,传案人也让佩斯特泰罗斯明白,自己的技艺就是"要在被告没到庭之前就给他判罪"。

佩斯特泰罗斯与传案人的这段对话有一个突出特点:话题已经不是天上城邦的事情,而是地上城邦中的事情。换言之,翅膀在地上的城邦中也很管用,即乘着翅膀的言辞可以干不义的事情。佩斯特泰罗斯通过言辞诱导传案人说出真相后拿起鞭子就要抽打传案人,显得是一个正义的法官。由此看来,在他的天上城邦不仅不允许打父亲,也不允许其他不义。佩斯特泰罗斯要严格清除世人生活中所有有害的政治和社会的现象,这样的理想在 18 世纪的启蒙哲人看来,并非天方夜谭。①

三位自愿加入鸟儿城邦的来人表明,没有一个是真心想要成为鸟儿,过鸟儿般的自由生活。他们来要翅膀,无不为的是让自己在人间过得更顺当,或者比别人更有能耐。佩斯特泰罗斯建立起空中的城邦后,首先面临的问题是,人间城邦中的不义也跟着要进入空中的城邦。换

---

① 比较 A. O. Rorty / J. Schmidt eds. , *Kant's Idea for a Universal History with a Cosmopolitan Aim*, Cambridge University Press, 2009。

言之,即便是空中的或言辞的城邦,仍然不能避免人世间的不义。倘若如此,他建立空中城邦又有什么意义呢? 不义是人世生活与生俱来的东西,因为世人的德性有差异:弑父青年、想入非非的诗人和一心想骗取钱财的传案人表明,人世间的具体人性可谓无奇不有。

佩斯特泰罗斯拒绝给三位申请移民的人翅膀,显得他颇有正义感。但是,佩斯特泰罗斯凭靠什么来分辨正义与不正义呢? 接下来的最后一场戏展示的是佩斯特泰罗斯与宙斯的关系,这意味着,要澄清这个问题,还得看佩斯特泰罗斯如何对待宙斯,毕竟,按照传统宗法,宙斯才是正义与不义的最终裁决者。

合唱 “没有光亮之地”

鸟儿歌队唱起了合唱歌,共两节,前一节嘲笑克勒奥倪摩斯(Kleonymos)。在进场戏中,佩斯特泰罗斯曾提到这位对雅典人来说家喻户晓的传说中人,他因打仗时丢盔卸甲被视为胆小鬼的典型(行289-290)。歌队在这里把他比作一株大空心树,言下之意,此人外表看起来伟岸,其实胆小如鼠。显然,歌队在指桑骂槐,但骂谁呢? 骂佩斯特泰罗斯,把他比作外表堂皇内在怯懦的行窃者?

合唱歌的第二节明确表达了鸟儿对佩斯特泰罗斯建立的新城邦的失望和不满情绪。歌中唱道:“远处有个乌托邦,乌七八黑暗无光。”(行1482-1484)这句译文有误,原文没有“乌托邦”,而是“远离光亮的地方”(χώρα πρὸς αυτῷ τῷ σκότῳ πόρρω),即“没有光亮之地”(τῇ λύχνων ἐπημίᾳ)。荷马记叙奥德修斯入冥府向盲先知魂灵求问归程时一开始说到,奥德修斯驾船首先来到基墨里奥伊人的国土,那里“为雾霭和云翳笼罩,明媚的太阳从来不可能把光线从上面照耀他们……凄凉的黑夜为不幸的人们不尽地绵延”(《奥德赛》11.14-19,王焕生译文)。阿里斯托芬笔下的歌队在这里反其意而用之,把“没有光亮之地”视为真正的幸福人世。因为在这里,常人与英雄(优异之人)可以同桌吃饭(ἄνθρωποι συναριστῶσι καὶ σύνεισι,行1485-1487),正如在英雄时代,凡人有特权与神们一起吃喝(比较《奥德赛》7.201-203)。然而,鸟儿对佩斯特泰罗斯的不满,并非因为被剥夺了政治平等,而是因为被剥夺了与宙斯神族的亲密关系。

为什么歌队会讴歌“没有光亮之地”? 思索一下这个问题,我们会想到两点:首先,我们会想到柏拉图《王制》中著名的洞穴喻,那里就是"没有光亮之地",但却是真正的人世。歌队在后一节的咏唱中提到奥瑞斯特斯(Orestes),在第二场戏结束后歌队长所唱的那段关于爱欲的长歌中,曾提到此人。这个奥瑞斯特斯既非荷马笔下的阿伽门农的儿子,也不是某个具体的人,而是雅典人对路边打劫或夜里行窃者的通称。在歌队看来,"没有光亮之地"难免有不义之人,但奥瑞斯特斯在黑夜中行窃会挨揍。言下之意,恰恰在"没有光亮之地"有正义的惩罚。

第二,佩斯特泰罗斯建造天空中的城邦,无异于给"没有光亮之地"带来光亮。前面的三位人间来者表明,各色不义之人以为,他们在"没有光亮之地"只能偷偷摸摸做的事情,在鸟儿城邦中可以在光天化日之下做,所以纷纷前来。

倘若如此,问题就来了:谁给"没有光亮之地"带来光亮? 接下来的最后一场戏解开了谜底:把天界的火盗给人世的贼神普罗米修斯出场了。

第五戏段　与诸神谈判

第五场戏开始,我们看到,佩斯特泰罗斯派鸟儿信使上天界向神族通报封锁其与人间的通道终于有了结果:神族派出代表团下到鸟儿城邦谈判。然而,在神族代表团快要到来之前,普罗米修斯偷偷遛出神界,下来向佩斯特泰罗斯通报消息。显然,普罗米修斯是神族的告密者。

贼神普罗米修斯

普罗米修斯用外衣蒙着面($\acute{o}$ $\sigma\upsilon\gamma\varkappa\alpha\lambda\upsilon\mu\mu\acute{o}\varsigma$)上场,一副贼样,还一路自言自语:"我这倒霉的神($o\breve{\iota}\mu o\iota$ $\tau\acute{\alpha}\lambda\alpha\varsigma$)呵,但愿宙斯没瞧见我。"(行1494)我们应该记得,奥瑞斯特斯因抢劫路人外套出名,而且也是个告密者。

普罗米修斯上场就急着找佩斯特泰罗斯,似乎是他的同志,但他这副样子显然是想偷偷摸摸见佩斯特泰罗斯。在整个这场戏中,普罗米修斯从头到尾紧张兮兮,传统神话中的普罗米修斯那副机灵样,现在还原为神经兮兮的担惊受怕,一副市井小偷模样。尽管如此,我们仍然可以看到赫西俄德笔下的普罗米修斯的一些基本特征：隐藏自己的面目以及与宙斯的敌对关系。

由于蒙着面，佩斯特泰罗斯不知道来者是谁。佩斯特泰罗斯告诉他，宙斯正在收云，没留意他，普罗米修斯才松了口气，于是说"我就要揭去蒙头啦"（ἐκκεκαλύψομαι，行1503）。对于熟悉埃斯库罗斯的《普罗米修斯》三联剧的雅典观众来说，这话难免会令他们想起《被缚的普罗米修斯》中的主题：普罗米修斯揭开自己给少女们看——揭开即启蒙。

佩斯特泰罗斯一眼认出来者是普罗米修斯，亲切地打招呼："亲爱的普罗米修斯呵"（φίλε Προμηθεῦ，行1504）。这表明佩斯特泰罗斯与普罗米修斯有一见如故或相见恨晚之感。我们记得，佩斯特泰罗斯曾经对默通说过"我爱你"，也只对默通这样说过，这里称呼普罗米修斯为"亲爱的"，意味着普罗米修斯与默通是一类人。由此可以说，佩斯特泰罗斯、普罗米修斯和默通属于一族人，即都是哲人族成员。当然，在阿里斯托芬笔下，苏格拉底也属于这一族。

普罗米修斯让佩斯特泰罗斯声音放低点儿，别让宙斯听见了。为了防止被天上的神们看见，普罗米修斯还让佩斯特泰罗斯撑开他带来的一把阳伞，以便挡住宙斯警觉的视线（行1494-1509）。佩斯特泰罗斯替普罗米修斯撑开阳伞，让他大起胆子说话。普罗米修斯这才对佩斯特泰罗斯说，自己偷偷溜出天界，是要下来透露天上神界遭围困后的形势："宙斯完蛋啦"（ἀπόλωλεν ὁ Ζεύς，行1514）。自从佩斯特泰罗斯"建立空中之国"（ᾠκίσατε τὸν ἀέρα），天上的神族再也闻不到人间献祭的香气（行1515–1518），好些"外国诸神"（οἱ δὲ βάρβαροι θεοί，行1520）饿得不行，要求宙斯在天界搞开放，允许神们在天界做生意，开铺子卖烤肉（行1524）。显然，现在的普罗米修斯已经获得释放，恢复了神族成员身份，不然他不可能知道神族目前食物短缺。[①] 但恢复了神族成员身份的普罗米修斯仍然对宙斯心怀憎恨，否则，他不会偷偷摸摸跑下来把神界出现饥荒的情况透露给宙斯的敌人。

佩斯特泰罗斯头回听说天界有了"外国诸神"，大感稀奇，赶紧问是些什么人。普罗米修斯说，他们叫什么"特利巴里"（Τριβαλλοί / Trib-

---

① 阿里斯托芬化用了《被缚的普罗米修斯》中的个别诗行（行1516-1520，也许还有1509、1549），但完全是在恶搞神话和肃剧中的神圣形象。

allian)。① 我们值得注意到,这些威胁奥林珀斯诸神的"外国诸神"不是日神和月神之类的自然神,而是属于别的民族神。换言之,奥林珀斯神界如今受到的威胁无异于地上的地缘政治冲突。身为雅典人的佩斯特泰罗斯一听,大为吃惊,他当然知道,这支忒腊克人本是雅典城邦的盟友,因生性凶残后来在雅典名声狼藉,成了凶残的代名词。公元前424年,雅典人曾击败一支忒腊克人的入侵,杀死了他们的头人。②

普罗米修斯还透露,宙斯神族撑不下去了,他们马上会派代表团下来谈判。普罗米修斯给佩斯特泰罗斯出主意:不可与宙斯讲和,除非宙斯把王权还给鸟儿,并要求把宙斯身边的巴西勒娅嫁给佩斯特泰罗斯(τὴν Βασίλειαν σοὶ γυναῖκ᾽ ἔχειν διδῷ,行 1535–1536)。我们记得,鸟儿曾为自己要求王位(比较行 549–550);现在阿里斯托芬让我们看到,普罗米修斯怂恿佩斯特泰罗斯夺取宙斯的王权,如果与佩斯特泰罗斯在起初忽悠鸟儿队长时的说法对比,情形就更为清楚,当时他对鸟儿队长说:"你们是万物之王,我和他的王宙斯的王。"(行 467–678)

佩斯特泰罗斯头回听说这个巴西勒娅,不知是谁。普罗米修斯说,她是宙斯的"小秘"(ταμιεύει = ταμία[女管家])哦,管着宙斯的霹雳和其他专政工具:"良策啊、良好秩序啊、审慎、船坞呵、破口大骂、偷税、公堂费呵",统统归她掌管。普罗米修斯给佩斯特泰罗斯出主意说,只要把宙斯身边的这个巴西勒娅搞过来,就全都有了(行 1537–1543;比较行 1720–1765)。

佩斯特泰罗斯听得神魂颠倒,但我们应该感到奇怪,佩斯特泰罗斯是同性恋,怎么可能贪恋女色。其实,巴西勒娅(ἡ Βασιλεία)这个名字是虚构的,它与Βασιλεία[王权]这个语词完全相同,仅音调符号位置不同。换言之,佩斯特泰罗斯耳朵里听见的是王权,他为可能得到王权神魂颠倒。

在埃斯库罗斯的《被缚的普罗米修斯》中,普罗米修斯一直保守着那个秘密:宙斯与伊娥结合后生下的后代会夺取宙斯的王权。因此,雅典观众可能难免会想起,阿里斯托芬笔下的巴西勒娅会与伊娥有什么

---

① 希罗多德的《原史》提到过一个地方叫做特利巴里平原(πεδίον τὸ Τριβαλλικὸν,《原史》4.49;亦见修昔底德,《战争志》2.96.4),大约在如今保加利亚一带,那里居住着忒腊克人的一个部落,因此,特利巴里人是忒腊克族人的一个部族。

② 参见修昔底德,《战争志》2.95–101;4.101.5。

关系吗？毕竟，普罗米修斯在说巴西勒娅时，强调她是个"顶漂亮的妞"（καλλιστή κόρη，行1537）。

普罗米修斯说，"我一向对世人有好感呵"（行1545）。阿里斯托芬在这里故意出错，让普罗米修斯忘了，他现在是在对鸟儿说话：如今，在人族和神族之间，多出了一个鸟族。佩斯特泰罗斯没有忘记普罗米修斯盗火之功，赶紧说，"我们有烤肉吃都是你的功劳呵"。这话勾起了普罗米修斯的新仇旧恨，他禁不住说，"我憎恨所有的神"（μισῶ δ' ἄπαντας τοὺς θεούς，行1547）——这话跟埃斯库罗斯笔下的普罗米修斯说的一模一样（《被缚的普罗米修斯》，行975–976）。

可以看到，阿里斯托芬的普罗米修斯仍然葆有两个传统的基本品性：怜爱世人和恨所有的神们。普罗米修斯为什么要为佩斯特泰罗斯出主意？因为他爱世人：他并不关心将宙斯的权力转交给鸟类。普罗米修斯自己是神，但他恨所有的神，这等于他也恨自己，因此不会为了自己的利益而行动。他来找佩斯特泰罗斯，是因为他认为佩斯特泰罗斯比诸神高明。

普罗米修斯说完赶紧溜回天界，与来的时候一样，他害怕宙斯看见，走前要回佩斯特泰罗斯手中的阳伞，说是"撑着阳伞"（φέρε τὸ σκιάδειον，行1550），即便宙斯看见了，也会以为是个"祭神游行队伍中的挎篮淑女"（ἀκολουθεῖν δοκῶ κανηφόρῳ，行1550–1551），不会认出是他。

在这里我们看到了获释后的普罗米修斯形象：他不再擎着火把，而是撑着阳伞——火把象征启蒙的光亮，阳伞象征什么呢？隐藏自己的本相：他在天性上是个男相女人，因为，阳伞是雅典女人才用的东西。在传统宗教节庆游行时，传统贵族家的女孩子被选来挎着篮子走在队伍前面，称为 κανηφόρος［挎篮者］，旁边还走着 ἀκόλουθος［侍女］，她们替贵族家的女孩子撑着阳伞，别让太阳晒着。①

为了躲过宙斯的视线，普罗米修斯把自己装扮成女人。然而，普罗米修斯仅仅是装扮成女人吗？普罗米修斯在这部剧作中的出现，意义何在？意义在于他透露了神界的真实情况，这才使得佩斯特泰罗斯有战胜宙斯神族的最后把握和决心——现代哲学的启蒙，其实源于哲人透露了神界的真实情况。

---

① 比较《地母节妇女》，行823。

佩斯特泰罗斯与普罗米修斯的秘密接触,让鸟儿更加无奈也更加气愤,因为天性上爱人不爱神的普罗米修斯的告密让鸟儿想到,自己在天性上虽然恨世人,却不恨诸神,与佩斯特泰罗斯联手对抗神有违自己的天性,实在荒谬。毕竟,正是在热爱世人的普罗米修斯启发下,世人才发明了捕鸟器和烹鸟术。若非普罗米修斯把世人教坏,宙斯神族把人世统治得乖乖的,鸟儿的命运也不止于此。但现在鸟儿已经陷入佩斯特泰罗斯的罗网,没法摆脱。

普罗米修斯离开后,歌队随即唱了一曲,嘲笑三个雅典人。首先是苏格拉底,嘲笑他"坐在一个不知名的水塘招魂"。所谓 ψυχαγωγεῖ［招魂］,指苏格拉底与人交谈时总是谈什么灵魂问题。随后,歌队又嘲笑了两位雅典政治家:佩珊德诺斯和凯瑞丰。这位佩珊德诺斯(Peisandros)不是公元前 640 年左右很出名的那位出生于罗德岛的诗人,而是雅典的一位将军,曾出任雅典亵渎神像事件调查委员会成员,是民主派的重要人士,但在随后的复辟时期,他又成了寡头派的支持者。凯瑞丰(Chairephon)是苏格拉底早年的同伴,据说受苏格拉底关于苦行和灵魂说教影响,但在政治观点上与苏格拉底不同,是个民主派,贵族复辟时期曾出逃雅典。苏格拉底在法庭上为自己申辩时,曾提到自己与凯瑞丰的关系,以证明自己并不与民主政制为敌。①

我们应该注意到,这里嘲笑的三个人的排列顺序似乎暗示,雅典的民主派政治家都与苏格拉底的"招魂"术有关。换言之,在阿里斯托芬眼里,苏格拉底是民主政治和民主道德的始作俑者。施特劳斯在致友人克莱因的信中说过:"阿里斯托芬完全正确,他只是不知道阿那克萨哥拉(Anaxagoras)与苏格拉底的差别。"②今非昔比的是:如今的喜剧作家都成了热忱的民主派。

佩斯特泰罗斯如何获得神权

歌队唱完,神族派来的代表就出场了,与歌队刚才挖苦的人数相同,共三位神:波塞冬、赫拉克勒斯和特利巴里神。波塞冬显得是神族中的贵族,他嫌弃这个三神代表团中的特利巴里神,说他模样和举止都

---

① 参见柏拉图,《苏格拉底的申辩》21a,吴飞译,北京:华夏出版社,2017。

② 施特劳斯,《回归古典政治哲学》,朱雁冰、何鸿藻译,北京:华夏出版社,2017,页 285-286。

"粗野"得很。波塞冬的话让我们得知,这个三神代表团是神族通过民主选举方式选出来的,因为他感叹道:"如果神们投票选出这种家伙,民主政治呵,你要把我们引向何方。"(行 1570-1571)显然,这是在暗讽雅典民主。波塞冬提到的莱斯波狄阿斯(Laispodias),是《鸟》上演前不久(公元前 414 年夏天)刚被抽签选上的雅典将军。

由此看来,即便神们在天性上也有差异。我们看到,波塞冬和赫拉克勒斯对如何完成出使的使命也有分歧:波塞冬主张有话好商量;赫拉克勒斯则脾气火爆:谁敢封锁咱天神,老子掐死他——赫拉克勒斯已经饿得不行,他缺乏身体的自制力。三位神来到鸟儿城邦时,佩斯特泰罗斯正在准备自己的丰宴,对神们的到来爱理不理。赫拉克勒斯问在烤什么肉,佩斯特泰罗斯说,是"一些被处死刑的鸟儿,他们居然与民主派作对"(ἐπανιστάμενοι τοῖς δημοτικοῖσιν,行 1584),一副迎逢的样子,赫拉克勒斯听了则喜滋滋的。可见,奥林珀斯诸神跟随雅典城邦施行民主后,即便是神族中的贵族分子也会变得很有民主热忱。

波塞冬对佩斯特泰罗斯说,他们作为神族的代表来与鸟儿城邦议和,因为若诉诸战争,神们未必会赢。佩斯特泰罗斯马上说,"我们并没有首先发动战争",也愿意与神们议和,条件是"让宙斯把王权还给鸟类"——这里的"我们"当然包括鸟儿,但搞笑的是,佩斯特泰罗斯眼下正在把鸟类中异见分子杀掉当美食。这表明佩斯特泰罗斯的鸟儿城邦仅仅名义上施行民主,实际上施行专制。

佩斯特泰罗斯说,如果三位来神同意,就请他们一起用餐。刚刚还气势汹汹的赫拉克勒斯一听,马上一口答应。波塞冬听了非常吃惊,怒斥赫拉克勒斯为了一顿美食,就拿自己父亲的王位做交易。佩斯特泰罗斯则说,神族移交神权给鸟儿城邦对神族自己有好处:因为,鸟儿城邦有了神权可以更好地统治下界,神族的力量反倒会增强。如今"人类都躲在云彩下赌假咒",诸神住在云天之上看不见。如果鸟儿城邦有了神权,世人有谁再赌假咒,就可以派出乌鸦施行惩治,啄瞎他们的眼睛。

佩斯特泰罗斯的劝说挑明了神族如今统治能力已经大为削弱的事实,但他建议神族让渡神权显然是在欺骗。波塞冬觉得佩斯特泰罗斯说得有道理,其他两位天神也同意,这表明神族的代表在佩斯特泰罗斯面前显然智商相差不止一个等级。佩斯特泰罗斯随之又补充了一个好处:要是有人许愿献祭给神一只羊,但又舍不得而拖延,鸟儿就会派鹞鹰下去夺走他的两头羊送给神。这个说法涉及计算代价:因吝啬而拖延划算,还是到头来多失去一头羊划算。三位神听了这番忽悠,都觉得有道理,赞成把王权让渡给鸟儿城邦。

佩斯特泰罗斯的这个说法其实暗藏玄机:你们拖拖拉拉,舍不得王权,那么,就让你们多失去一头羊。佩斯特泰罗斯随之提出普罗米修斯秘授给他的建议,要宙斯的"小秘"巴西勒娅给他做老婆。波塞冬一听马上翻脸,赫拉克勒斯则无所谓,劝波塞冬接受这条附加条款。神们之间再次出现分歧,佩斯特泰罗斯用美食进一步拉拢赫拉克勒斯。波塞冬现在看出,佩斯特泰罗斯是在搞欺骗。他提醒赫拉克勒斯,王权仅仅是个名头,实际的专政工具都在巴西勒娅身上,这属于宙斯的财产。如果宙斯死了,赫拉克勒斯作为儿子就能继承这笔财产,若让巴西勒娅做了佩斯特泰罗斯的老婆,宙斯死后,赫拉克勒斯将一无所有。

这次是波塞冬会计算了,但佩斯特泰罗斯对赫拉克勒斯说:波塞冬在欺骗你哦,因为你不是宙斯的嫡亲之子,按现行法律,你父亲的财产不属于你,即便你父亲想要给你,雅典的法律也不会允许。你若归顺了鸟儿城邦,我佩斯特泰罗斯倒是可以给你封个王的名头。赫拉克勒斯这下子坚决主张同意佩斯特泰罗斯提出的附加条款,波塞冬仍然坚持不同意,现在取决于第三位神即特利巴里神的意见。特利巴里神投了赫拉克利特一票,波塞冬这下没辙,按照民主政治的规矩,少数服从多数,他只好表示认可。

这场谈判让我们看到了什么?歌队随后唱了一曲点出了要害:民主政治就是"有人靠舌头"欺骗脑筋不够用的多数。波塞冬算有脑筋,但他必须服从民主的原则。事实上,刚一上场他就感叹:ὦ δημοκρατία, ποῖ προβιβᾷς ἡμᾶς ποτε[民主政治呵,你要把我们引向何方]!当年的雅典观众听见这样的台词,恐怕会一笑付之,他们不知道,随后的伯罗奔半岛战争将印证这一点。

佩斯特泰罗斯的态度表明,鸟儿城邦其实不需要与神族结盟,而神族却需要与鸟类结盟,因为神需要惩罚人,鸟儿却不需要。但鸟儿应该看到,这场戏以一个戏剧性的转变结束:佩斯特泰罗斯把正在准备的鸟肉宴饮变成自己迎娶巴西勒娅的喜宴——他说:

这些鸟儿杀得正是时候,正好吃喜酒用。(行 1688-1689)

佩斯特泰罗斯早就打好主意,要以鸟儿城邦取代宙斯神族的统治(行 1233-1237)。换言之,技术智识人的统治取代神权统治,并非普罗米修斯的教唆,他的建议与此不谋而合而已。我们至多可以说,在埃斯库罗斯那里,普罗米修斯已经将如此图谋的种子埋藏在了这类智识脑筋的心底。但必须承认,佩斯特泰罗斯最终击败宙斯神族,很大程度上靠的是普罗米修斯帮忙。

退场　佩斯特泰罗斯当王

退场戏一片歌舞升平景象——鸟儿信使首先上场宣告,佩斯特泰罗斯成为"新王":

> 幸福的鸟儿种族啊,[快来]欢迎你们的王回家……(行 1707-1708)

鸟儿们未必能够注意到,信使传报新"王"归来时用的语词是希罗多德所谓的"僭主"(τὸν τύραννον),而非本色的"王"(Basileus)。信使对佩斯特泰罗斯归来的描绘,用上了金碧辉煌的言辞,但歌队随后的咏唱却让人看到尖锐的反讽:佩斯特泰罗斯明明已经将自己准备的鸟肉盛宴变成了迎娶巴西勒娅的喜宴,歌队却高唱"鸟类的幸福机运全靠这样一个男人"(行 1726-1728)。虽然鸟儿城邦获得了支配世人生活的最高权力,实际上是哲人佩斯特泰罗斯实现了自己的政治理想。歌队或者说诗人阿里斯托芬很清楚,虽然佩斯特泰罗斯让自己成为鸟儿族中的一员(行 801),但他始终具有某种属人的本性(行 1581)。

还应该注意到,歌队所唱的这曲迎婚之歌突出了"机运"这个语词,恐怕不是偶然。因为,鸟儿们在一开始就认为,佩斯特泰罗斯建立鸟儿城邦的构想"只可能是一个机运(τύχη)之举"(行 410)。① 倘若如此,应该如何理解这里的所谓"机运"呢?歌队接下来咏唱宙斯当年当王(τὴν Βασιλειαν)的时刻,率领诸神掌管"命分"(Μοῖραι)。这里出现的"命分"也许意味着,真正的王者懂得人性的差异(行 1729-1734)。

---

① 比较施特劳斯,《苏格拉底与阿里斯托芬》,李小均译,北京:华夏出版社,2010,页 172(以下凡随文注页码时,简称"施疏")。

尤其值得注意,这里还出现了"爱欲"("Ερως)这个关键词(行1737),它强调宙斯"娶了赫拉上婚床"与宙斯当王有同等重要的意义。

佩斯特泰罗斯听见这样的咏唱十分欢喜,说这些"言辞"(λόγων)让他感动不已(行1744)。佩斯特泰罗斯没有听出歌队的言外之意,于是,歌队继续唱了一曲告诉他——同时也告诉观众:佩斯特泰罗斯当王,并没有同时把一个女人娶上婚床,而是仅仅攫取了宙斯的专政工具。毕竟,佩斯特泰罗斯是同性恋,对女人没有爱欲。如施特劳斯所说,"一个严厉的人可能会说,佩斯特泰罗斯的行为比食人族更坏,因为鸟类现在是他的神"(施疏,页198)。毕竟,食人族仅仅吞食同类,佩斯特泰罗斯则吞食他装模作样要敬拜的神。

全剧以歌队的两行歌咏结束,这两行诗句看起来是无甚含义的套话,其实有个字眼相当醒目:"诸命相精灵"(δαιμόνων;行1765)。无论按照古希腊还是古代中国的传统说法,命相精灵都属于每个个体,或每个人都有自己的命相精灵。这意味着每个人的灵魂及其举止都与"命分"(Μοῖραι)相关,从而最终受机运(τύχη)支配。阿里斯托芬对苏格拉底的自然哲人视角的批评,要点之一在于,苏格拉底"对形形色色的人的举止和灵魂有极为不恰当的认识:从高处看人,难免看不清人的本来面目"(施疏,页328)。从柏拉图和色诺芬笔下的苏格拉底来看,这一批评用在苏格拉底身上当然是错的,但若用来批评别的哲人就没错。

这时我们应该想起,佩斯特泰罗斯和欧厄尔庇得斯离开雅典,起初都"是渴望过梵静的日子,不受政治打扰,是想自由"。由于他们的命相精灵不同,他们所理解的所谓"自由"的含义也有品质差异。佩斯特泰罗斯意识到或者想起来:

> 一个人要么做锤子,要么做铁砧,没有别的选择;一个人不可能自由,除非他以某种方式参与政治权力;城邦实施的统治趋向于尽可能地扩大:梵静的生活需要安全和保护;也就是说,城邦,以及——若安全有彻底保障的话——普遍帝国(universal empire),统治所有的人,或更确切地说,统治所有人和所有神,因为一个人的幸福不仅仅受到他人的威胁,而且首先受到心怀嫉妒、反复无常的诸神的威胁。(施疏,页171)

由此来看,整个《鸟》剧的戏剧性动机就在于佩斯特泰罗斯渴望的

"自由"与欧厄尔庇得斯渴望的"自由"之间的关联。对今天的我们来说，要理解这样的关联远比当年的雅典观众更为容易。毕竟，关于所谓"积极自由"和"消极自由"的讨论，曾经持续了长达30年之久。换言之，"只想与鸟儿生活而不是与人类生活"的人，如果要实现自己的生活理想，就必须建立普遍帝国的统治。

余　论

走出阿里斯托芬的剧场，雅典观众会对波塞冬的那句感叹难以释怀："民主政治呵，你要把我们引向何方。"雅典观众也许会想起来，他们在欧里庇得斯的肃剧中看到，城邦的女性公民有了更多的政治诉求。因为，《鸟》中的普罗米修斯形象——尤其是他撑着的那把阳伞的寓意让他们难免会想：佩斯特泰罗斯的政治计划与象征女性的阳伞是什么关系？再说，即便身为同性恋的佩斯特泰罗斯是个"精明老头儿"（施疏，页172），他把年轻漂亮的巴西勒娅搞到手后，结果会怎样呢？观众有理由问：巴西勒娅会如何对待自己的自然需要，她有足够的自制力为城邦政治而牺牲或克制自己的需要吗？

在《鸟》之后写成的《吕西斯特拉特》中，这样的问题已经出现，在随后的《地母节妇女》中，肃剧诗人欧里庇得斯遭到阿里斯托芬的尖锐嘲弄。不过，在随后上演的阿里斯托芬的剧作中，最能够让雅典观众想起《鸟》的剧作，非《公民大会妇女》（Ekklesiazusen）莫属：女政治家普娜克萨戈娜（Praxagora）需要让自己假扮成男人，才能实现自己的政治计划，与普罗米修斯需要把自己装扮成少女才能实现他的政治计划，如出一辙。再说，普娜克萨戈娜年轻漂亮，她丈夫布勒斐洛斯（Blephyros）则年老力衰，这与嫁给了一个男同性恋没什么实质差别，以至于雅典观众会联想到巴西勒娅的结局（比较施疏，页279、296-297）。

普娜克萨戈娜的政治计划是：基于民主政制提供的政治条件推行一场彻底的政制变革，即实现"女人政制"（Gynaecocracy）。具体来讲，实现这一彻底的政制变革的政治条件就是雅典的公民大会，这意味着，公民直接参政并掌握政治共同体的主权这一理想已经成为政治现实。因此，只要公民大会做出决议，一场政制变革无论多么离谱，也会成为现实。

可是，雅典民主尚未实现彻底的平等：女人不算合法城邦民，不能直接参政——不能参加公民大会。于是,普娜克萨戈娜要实现自己的政治计划,必须乔装成男人混入公民大会。不仅如此,她还得忽悠一大群女人跟她一起这样做,否则没可能在公民大会中占多数。

《公民大会妇女》一开场观众就看到,普娜克萨戈娜趁天还没亮,邀约了一帮女人向她们布置任务,要她们趁丈夫还未起身,穿上他们的外套,提前混入公民大会。在公民大会上,普娜克萨戈娜以男人身份提出,城邦的权力应该交给女人,因为这是最符合自然法则的政治制度。这意味着,普娜克萨戈娜的政治计划无异于凭靠自然原理推翻了遵循习传礼法的政治制度。

大会召开期间,普娜克萨戈娜的丈夫布勒斐洛斯因为上厕所没有到会,他的邻居克雷默斯(Chremes)出席了大会。克雷默斯回来告诉布勒斐洛斯,今天开大会来的人特别多,若去晚了根本挤不进去——他还说,好些公民的皮肤特别细嫩。克雷默斯认为,参加这次大会的公民特别多,显然是因为今天的议题特别重要,涉及如何彻底根除城邦弊病,实现彻底合理的政治制度。看得出来,克雷默斯对雅典公民积极参政的政治美德非常满意。

在公民大会上,克雷默斯对"女人政制"建议投了赞成票。他没有认出,这一政改建议的倡导者是个女人,而且是他的邻居。他同意这一建议仅仅因为,在场的大多数男人都投了赞成票,而他并不知道,到会的男人大多数是女人乔装的。换言之,克雷默斯毫无辨识能力:既不能辨识出打扮成男人的女人,也不能辨识普娜克萨戈娜的政改建议的对错。

在公民大会上,普娜克萨戈娜仅仅阐释了"女人政制"的正当性原理,并未谈及这种政制将引出何种具体的政治措施。回到家中之后,普娜克萨戈娜见丈夫正与克雷默斯在谈论今天的公民大会,布勒斐洛斯告诉自己的年轻老婆:大会决定将城邦权力交给女人。普娜克萨戈娜故作惊讶并兴奋不已,让两个男人感到奇怪。于是,普娜克萨戈娜趁机对他们阐释施行"女人政制"后会推出何种新政措施。她首先阐述了公有制的生活方式:

> 你们谁都别反驳或打断,直到知道、听到我的计划。我想说的是,共同拥有一切,也就是分享所需要的一切东西,生活所必须的一切东西;没谁可以富得不行,有人却穷得叮当响;没谁可以拥有

大片耕地,有人却死了竟然没地方埋;没谁可以奴仆成群,有人却连个打杂的都没;我想要创造出一种所有人共同的生活,而且是一个样儿的生活。(行588—594)①

布勒斐洛斯感到费解,他问:

　　布:可所有人怎么过上共同生活?
　　普:(不耐烦地)连吃大粪你也要赶我前面!(行595—596)

观众看到,普娜克萨戈娜平时在家里其实对布勒斐洛斯蛮厉害,这倒不难理解:年老力衰的丈夫不能满足她的自然需要,反倒整天担心她在外偷情。换言之,根据自然原理,普娜克萨戈娜有自然权利对这样的丈夫颐指气使。

　　布:我们不是共享大粪吗?
　　普:哎呀,我要你别打断,你又打断。我正要说这个哩;首先,我将让土地成为所有人共有的,然后让钱财以及其他属于每个人的东西都成为共有的(κοινήν)。以后,我们将靠这些公共的东西来养育我们自己,以便我们会节俭持家,而且有一致的想法。(行597—601)

克雷默斯也感到费解,他问道:

　　克:可是,咱们中间有人没拥有土地,但却拥有金币银币和看不见的财富呢?
　　普:这些得上缴充公。他明明有,却非说没有的,不用上交。
　　布:他本来就是靠非说没有才有的呵。
　　普:哎呀,任何东西都对他一钱不值啦;
　　克:什么意思?
　　普:再不会有人因贫穷而干那种事啦,人人都将得到一切,一

---

① 中译为笔者自己的译文,依据 R. G. Ussher, *Aristophanes' Ecclesiazusae*, Bristol, 1986;参考 M. Vetta, *Le donne all'assemblea*, Mailand, 1989。

片面包呵，一块咸鱼呵，麦饼呵，衣服呵，美酒呵，花冠呵，还有野豌豆。不交公有什么好处？这一点你应该看到呵。

克：可是，这种人拥有的这些东西不正是偷来的么？

普：说得没错呃，真是好同志啊，所以，我们在那些个旧体制下受压迫啊；不过，今后，将靠公有来生活啦，不把东西归公有什么好处哩！（行602—610）

这段对白有两个值得注意的看点：首先，普娜克萨戈娜宣称，"看不见的财富"也得"上缴充公"；第二，没有人再会贫穷，但显而易见，常人绝不会因为"看不见的财富"而不再贫穷。普娜克萨戈娜要求拥有"看不见的财富"的人交出自己的财富充公，不是为了用来平均分配，而是消灭这种财富，以实现彻底的平等，因为，绝大多数人永远不可能拥有这样的财富。

普娜克萨戈娜提出的财富共有制措施，会让我们想到柏拉图《王制》中苏格拉底所谈论的共产制。不过，如果我们没有忽略苏格拉底谈论这个问题的前提，那么，我们就应该意识到，普娜克萨戈娜的财富共有制与苏格拉底的话题不相干。因为，苏格拉底谈论财富共有仅仅针对城邦卫士。并非所有公民都是城邦卫士，只有少数天性优异者才能做城邦卫士，用今天的话来说，即肩负政治共同体责任的担纲者。不仅如此，即便有优异天性，他们也得经受严格的教育（416a—b）。此外，为了他们能够"成为最好的卫士"，需要以特殊方式为他们配备财富，并对他们的生活方式做出特别规定。对于少数优异者来说，"金子和银子"是"来自天神的神圣礼物"，"永远存在于他们的灵魂中"，因此，"所有的城民中只是他们这些人，法律不允许他们经营或碰触"人间的金银（416e5—417a4）。① 由此可以理解，普娜克萨戈娜要求"看不见的财富"充公，是实现激进民主的必然要求。

与《鸟》中的佩斯特泰罗斯一样，普娜克萨戈娜实现自己的政治计划凭靠的是言辞——或者更准确地说，凭靠谎言。然而，正如施特劳斯指出的那样：

普娜克萨戈娜比佩斯特泰罗斯走得更远，佩斯特泰罗斯至少

---

① 柏拉图，《理想国》，王扬译，北京：华夏出版社，2017，页127—128。

表面上努力恢复最古老的秩序,此外,他也没有将他的激烈变革带入雅典。普娜克萨戈娜以自己的方式和歪理一样激进,但由于她意图带来对城邦有利的变革,一种政治变革,因此她的灵感来自just speech[正义言辞]。(施疏,页284)

施特劳斯看到,这种所谓"正义言辞"的要核是平等主义:

> 比起阿里斯托芬笔下其他任何关心城邦或统治的人物,普娜克萨戈娜与古老事物的决裂更彻底、更公开。她的新秩序与先前的秩序之间有一个连接点:平等主义(egalitarianism)。(施疏,页287)

所谓"先前的秩序"指民主制,普娜克萨戈娜正是凭靠这种秩序才得以提出自己的政改方案——没有公民大会的最高权力,她也就不可能实现自己的大胆政治构想。然而,鉴于民主制的建立,本身就依赖于自然平等原则,普娜克萨戈娜的政改方案不过是将平等主义原则推到极致而已。因此,施特劳斯指出:

> 只有在《公民大会妇女》中,阿里斯托芬没有攻击司法体系等民主制度,没有攻击对斯巴达的战争政策,没有攻击克里昂等蛊惑人心的政客,他在其中攻击的是民主制的原则本身:平等主义。……他虽然拒斥极端的平等主义,但他假装接受这个前提,从而呈现出极端平等主义的一种最要不得的结果……(施疏,页295)

阿里斯托芬如何攻击民主制的根本,或者说,他如何展示民主制要把人们引向的去处呢?他让观众接下来看到,普娜克萨戈娜的政改方案引出的措施,重点不在于平等地共同拥有物质财富,而在于平等地共同拥有身体,这也许意味着,唯有如此才能将平等原则贯彻到底。毕竟,按照佩斯特泰罗斯的鸟儿城邦构想,新的城邦将应该给凡人带来所有的幸福,而非仅仅是财富。

可是,相比于平等地共享财富,平等地共享身体引出的麻烦要大得多。毕竟,无论男人女人,都有美丑以及年轻与年老的自然差异。从男人的角度来看,"女人既然美丑不等,作为男人欲望对象的女人就不可能平等",由此可以理解,在阿里斯托芬笔下,为何"讨论共有女人的篇幅差不多等于讨论共有财富的篇幅的两倍"(施疏,页285)。

为了实现所有女人的平等,普娜克萨戈娜的政改方案要求制定这样的法律:年轻男人若要享有年轻漂亮的身体,必须先与既老又丑的女人同床——反之亦然,少女若要享有英俊小伙的热烈,必须先与普娜克萨戈娜的丈夫这样的男人同床。

出乎观众意料的是,阿里斯托芬随后通过一个老妇与一位少女争夺少男的情节,揭示了平等主义的问题。施特劳斯的简洁而又准确的笔法,为我们展示了这场戏的看点:

> 少男一想起新法,对少女的情欲立刻全消,因为依据新法,他必须先同老太婆睡觉;他发现,这种情况对自由人来说简直难以忍受。但是,在老妇看来,新法恰恰最符合自由,因为它符合民主制,也就是说,它符合自由人作为平等者自由统治的政制。在这样的政制中,法律以牺牲自然能力较优的人为代价,赋予自然能力较差的人特权,从而达致所有人的平等;或者不妨说,自由的要求可能不得不让位于平等的要求。(施疏,页291)

年轻的爱欲与平等主义绝然不相容,因为,这种爱欲自然地朝向自然的美。平等主义作为民主政制的道义原则要求自然的爱欲必须首先顾及丑,无异于强行修改自然爱欲的本质。

其实,普娜克萨戈娜作为立法者制定的这一"新法"引出的更大麻烦在于:由于要抹去年龄上的自然差异,少男或少女必须先与老妇或老夫同床,才能获得与少男或少女同床的法定权利,在平等主义的共有制前提下,这就不可避免会出现乱伦。布勒斐洛斯和克雷默斯都没有意识到这一点,不等于阿里斯托芬没有意识到这一点,但诗人没有强调这一点。因为,他致力于让雅典民主城邦的公民们看到:

> 普娜克萨戈娜的行动与任何革命行动一样,结果并不是消除不幸,而只是对不幸与幸福的再分配。(施疏,页294)

由此我们可以说,阿里斯托芬揭示了普罗米修斯精神的一个关键要核:他希望用智识改变宙斯所规定的礼法秩序,以便彻底改变人的生存条件。换言之,宙斯为世间订立礼法,恰恰是因为宙斯看到,人的生存条件有太多自然限制,从而人的生存不可能彻底免除不幸。在赫西俄德的普罗米修斯神话叙事中,古老的诗人已经看到这一点。宙斯让该亚把普罗米修斯从地下带出来时,不小心砸开了潘多拉盒子,从此,种种自然的疾病和不幸与人世不可分离,即便世人有了普罗米修斯传授的技艺性智识。为了让人类在心理上得到补偿,宙斯从自己身上把正义让渡给人类自己来掌握,他仅仅控制疾病和不幸之类纯属自然的偶然,毕竟,人间正义再怎么也无法彻底消除这些偶然:"生活的真相是不可避免的苦难,既由自然又由礼法造成的苦难总是与人同在。"(施疏,页328)普娜克萨戈娜的行动基于平等主义的原则,这种原则恰恰看似人间的绝对正义,才让布勒斐洛斯和克雷默斯都没有意识到乱伦这一彻底颠覆礼法的结果。

佩斯特泰罗斯的智识所引发的行动要"彻底永久地改变世界的统治",其结果是:按照法律,堕落低级的东西会被视为高贵或美好的东西(施疏,页178、181)。在《公民大会妇女》的前半场可以看到,最有智识的是年轻少妇普娜克萨戈娜,两个男人显得很蠢,至少在普娜克萨戈娜眼里如此;但在后半场,少女的智识又远不及老妇。我们记得佩斯特泰罗斯僭取神性和王权,凭靠的是普罗米修斯式的智慧,在《公民大会妇女》中我们看到,这种智慧的结果太过出人意料,甚至令人骇然。

施特劳斯说得对,把《公民大会妇女》看完,会令人恶心,它是阿里斯托芬的传世剧作中"最丑陋"甚至"唯一丑陋的谐剧",因为:

> 在《公民大会妇女》中,女人诱使或迫使男人——尤其重要的是年轻男人——为了饱食终日和得到女人照顾,牺牲对高贵事物和美的事物的一切关注:女人的行动剥夺了生活中所有的美。(施疏,页294)

这是否就是普罗米修斯向佩斯特泰罗斯秘授机宜让他把巴西勒娅搞到手的结果,我们不得而知,但肯定是波塞冬的那句感叹的最终结局。毕竟,后现代的民主文化正在尽全力向人们证实,阿里斯托芬笔下的荒谬并不荒谬。

谁是新君主?

——马基雅维利的《曼陀罗》解读

梁晓杰 *
（中央党校哲学部）

摘　要：《新君主》向来被称为"魔鬼"的《圣经》，而喜剧《曼陀罗》则常常被看成《新君主》的镜像。古典和现代激烈地争夺马基雅维利的解释权，而对于《曼陀罗》的解读则常常离不开一个问题：到底谁是其中的主角？或者说，到底什么是新君主？答案之所以总是在卡利马科和李古潦之间摇摆，只是因为，问题常常被导入这样一种特定的方向：到底谁是剧中的那个"魔鬼"？然而，不可忽略的问题的另外一面是，正如施特劳斯所说，按照某种神学的真理，"魔鬼"终究是"堕落的天使"。文本的细节透露出，在尼洽老爷身上隐藏着马基雅维利狡黠的微笑，也许卢克蕾佳才是那个真正的新君主。马基雅维利是现代性的奠基者，也是柏拉图的一个镜像。

关键词：新君主　命运　先知　魔鬼　天使

在马基雅维利的喜剧《曼陀罗》中，一种深深的恶意得到了释放，也得到了满足。在欢乐的声浪里，台上台下，个个称心如意，似乎人人都成了登堂入室的新君主。但是，也正因如此，在这部最具有《君主论》气质的喜剧中，到底谁是真正的新君主，反而显得扑朔迷离。重要的是，本是局外人，转眼剧中客。

一、尼洽老爷

尼洽老爷是剧中唯一的博士，他读书最多，自始至终，却都被蒙在

---

* 作者简介：梁晓杰（1974—　），男，山东莱阳人，哲学博士，中央党校哲学部副教授，主要从事伦理学、政治哲学研究。

鼓里。他是一场骗局的受害者,却自认为导演了这场骗局。他本是剧中最无疑义的世袭君主,也在为了君主的世袭而奋斗,然而,既然"我是很想要孩子,我什么招都想试试"(1.2),①他或许还会认为自己的事业至少在佛罗伦萨是绝妙的:毕竟服食曼陀罗的招数,一定是前无古人的。同时锁定尼洽老爷幸福感的,也许还包含了在他心目中虽然未必如此却几乎可以成真的杀人越货,因而,卡利马科在尼洽老爷的眼里才既是可敬的,又是可怜的和可笑的:卡利马科是尼洽老爷不孕不育的医生,也是他不明就里的药引和实质意义上的药方。可以想见,当尼洽老爷感叹那一句"他还是挺喜欢冒油的!"(5.2,页119),被认为是在床上做最后狂欢的卡利马科一定是被鄙视了。尼洽老爷对自己的真实身份浑然不觉——这是一个重要的隐喻。

也正因如此,尼洽老爷才几乎包揽了整部喜剧全部的笑料,尽管在笑声的背后有着无尽的苦涩;他那种严肃认真的愚蠢,成了治愈有死者"活着便是受难"——治愈台上台下几乎每个人在快乐上不孕不育的曼陀罗:尼洽老爷越是严肃认真地导演剧情,他就越是可笑地成了骗局的真正演员;他越是扮演新君主,就越是沉溺于世袭的君主。对此,骗局真正的导演李古潦除了赞叹一句"您办这事儿可真叫审慎!"(5.2,页119),他还能说点什么呢?

二、卡利马科和李古潦

尼洽老爷有所不知的是,卡利马科不是他不孕不育的医生、药引和药方,尼洽老爷倒是治愈卡利马科情欲的医生、药引和药方:他虽非主谋,却亲自操刀;若非他世袭的执念,卡利马科本来绝不会找到突破口;而尼洽老爷几乎不可突破的权势,反而成了卡利马科"冒油的"最好催情药。尼洽最后的稻草也许是观众的道德同情心,但这就如同《伊利亚特》里的赫淮斯托斯,这位瘸腿的技艺之神将战神阿瑞斯和妻子阿佛洛狄忒的奸情一网打尽,本来指望赶来的众神能够为他主持公道,但却只是引来了一场更不怀好意的哈哈大笑。在心照不宣的会心一笑之中,谁又不是像天神一样私底下跃跃欲试,只想取而代之,并借着节日

---

① 马基雅维利,《曼陀罗》,徐卫翔译,见《马基雅维利全集》,长春:吉林出版集团有限责任公司,2013,页76。以下随文来注页码皆依此版本。

的欢乐气氛公开赞叹卡利马科干得好呢？

正如很多学者已经指出的，卡利马科才是那个新君主。他是这场人间喜剧的唯一发起者，他的能力无可替代。"这个样子活着，还不如死掉拉倒……我这病没药可医"（1.3，页77），卡利马科的情欲是尼洽老爷求子心切的对应物，但是不惜以死相博，则是眼界狭隘、只在吹牛的时候才出过远门的尼洽老爷在相反方面的对应物。的确，虽然尼洽老爷们的愚蠢由来已久，虽然正是他们的愚蠢才引来了意大利的奴役、压迫和流离失所，但是谁又能像卡利马科一样，不管是不是战火纷飞，无论自己是不是一介平民，仅仅是凭着一腔欲望，就抛开巴黎的安逸生活，几乎毫无胜算地来占取卢克蕾佳这朵泛欧花魁呢？或者我们可以说，卡利马科就是法国，卢克蕾佳就是意大利。"士兵死在壕沟，恋爱者绝望而死"（1.2），①一个不肯亡于绝望的情人，就是一个不肯死在壕沟的士兵。"一个人如果想要组建一个新的共和国或者要在一个共和国鼎故革新，必须一人独自担当。"②卡利马科是这样一个孤独的士兵，他不禁让人想起了18世纪末来自科西嘉岛的拿破仑，那个从埃及秘密返回巴黎发动政变的拿破仑；在马基雅维利所处的时代，这份担当只属于切萨雷·博尔贾一个人。只是卡利马科在喜剧里成功了，博尔贾在现实里失败了。

不过，卡利马科并非没有可与之匹敌的竞争者，这就是他唯一可以依赖的合作伙伴李古潦。巴黎的年轻商人卡利马科疯狂，佛罗伦萨的食客李古潦奸诈。疯狂的卡利马科不肯屈服于命运，却又无时不在呼告命运，对命运的认知和体验，却只是使卡利马科显得更加被迫屈服于命运：

> 说实话，机运和自然的账上还真是轧平的：她绝不会给你什么好处，除非在相反的一端也出现某种坏处。我的希望越增加，我的惧怕就越见长。我真苦啊！（4.1，页103）

与此相反，命运的摆布，却似乎已经被奸诈的李古潦扼杀在摇篮之中。他处处料事在先，计谋屡屡得逞。道高一尺魔高一丈，以侍奉上帝

---

① 马基雅维利，《克莉齐娅》，刘儒庭译，见《马基雅维利全集》，前揭，页138。

② 马基雅维利，《李维史论》，薛军译，见《马基雅维利全集》，前揭，页174。

和捕获灵魂为己任的提莫窦修士,也自觉不是对手:"我遇上了李古潦这恶魔,他让我浸了个手指头到某件错误里,现在倒好,我整条胳膊,整个人都泡在里边了。"(4.6,页111)

李古潦胸有成竹,游刃有余,无往而不利,从尼洽老爷、索斯特拉塔、卢克蕾佳到提莫窦,一切都在他的掌控之中。卡利马科和李古潦,似乎是马基雅维利刻意区别的一对核心关键词的肉身化:命运和德性。若非李古潦的德性,看起来将无处安放卡利马科的命运:"这家伙回我的话,不是让我开心活下去,就是会让我死个透心凉。"(4.1,页104)由巴黎通向卢克蕾佳内室的道路,几乎是由李古潦一步步铺平的。因而谢惠媛才会说:"从他信任李古潦,并把自己的命运交给李古潦的一刻起,他们之间的地位已被悄然置换。"①

然而,值得探讨的问题是,"新君主"之为"新君主",是否只因他是一位善于行军布阵的强势将领? 诚然,马基雅维利的名言是:"所有武装的先知都获得胜利,而非武装的先知都失败了。"②马基雅维利也从不吝于对于教会君主国的冷嘲热讽:

> 它们使它们的君主当权,而不问他们是怎样行事和生活的。这些君主自己拥有国家而不加以防卫,他们拥有臣民而不加以治理;但是其国家虽然没有防卫却没有被夺取,其臣民虽然没有受到治理却毫不介意,并且没有意思也没有能力背弃君主。只有这样的君主国才是安全和幸福的。③

可是,马基雅维利似乎也从没有说过,非先知的武装一定可以取得成功。马基雅维利甚至也并非认为"新君主"必然是开国者,取法乎上,只是希望读者能够"像聪明的射手那样行事,当他们觉察想要射击的目标看来距离太远,同时知道自己的功力所能及的限度,他们瞄准时就比目标抬高一些"。④ 罗马的奠基者是罗穆卢斯,但正如马基雅维利

---

① 谢惠媛,《马基雅维利喜剧〈曼陀罗〉的政治意蕴》,载《学术研究》,2008 年第 6 期,页 63。
② 马基雅维利,《君主论》,潘汉典译,见《马基雅维利全集》,前揭,页 22。
③ 同上,页 43。
④ 同上,页 20。

在《李维史论》里指出的,他也更可能是授予人民一部神圣法典的努玛,因为只有努玛才是罗马人的摩西。

新君主是一个先知,他具有革命性,但又终究在时势之中:世事无常,如一条奔流的大河,并不具有固定的特征;新君主要扼住命运的咽喉,然而又并不意味着可以无视命运的本性。

卡利马科与李古潦之间的根本性区别,由此观之,倒并非在于一个疯狂,另一个奸诈,而更在于一个是先知,而另一个终究只是俗人。卡利马科的革命性在于,他目标明确,向死而生,"眼看着必有一死,我却不是惧怕什么东西,而是要筹划干点事情,哪怕像兽类一样残忍、冷酷、可耻"(1.3,页77)。卡利马科退回兽性,只是为了成就一个落在法律之外的人性。相反,李古潦的保守性在于,他是一个食客,可以颠覆一个旧世界,也可以捍卫一个新世界,关键在于为谁而用;他的奸诈仅仅是奸诈而已,此外无他——可是,新君主,难道仅仅是由恶意所规定的吗?

正因为是革命性,并且自知是革命性的,所以命运才无时不刻在卡利马科的大脑之中。卡利马科是倍受煎熬的,卡利马科也会软弱,然而,卡利马科可曾从命运之前溃逃? 没有,命运无常倒是激起了他的满腔豪情:

> 你最糟的事儿也就是死掉下地狱:别人这么多都死了! 地狱里不尽是大好人? 你就面对命运吧;或者就躲开恶,要不然,如果你不想躲开,那就扛住它,像一个男人;别趴下,别像女人那样气馁。(4.1,页103)

相反,李古潦无视命运,与其说是因为命运已被扼杀,不如说他并不理解命运派何用场。卢克蕾佳就在佛罗伦萨本土人士李古潦的眼前,尼洽老爷的愚蠢一目了然,可是如果不是卡利马科的突然出现,他的奸诈可曾有一点儿用武之地吗?

命运是不可以选择的,但德性却并非在命运之外,而就在命运之中。卡利马科疯狂,却一点儿不缺乏理智。仔细看下来,早在与李古潦接洽之前,他其实已经暗中盘算清楚了必须占据的关键性战略要点:尼洽老爷的愚蠢;尼恰夫妇求子心切;索斯特拉塔是一个欢场老手。事情的进展常常在意料之外,其实总是在意料之中。李古潦只是在此框架下添加了另一个关键性要素:修士提莫窦。这的确是神来之笔:卢克蕾佳可以与美貌并重的虔诚,作为她最重的防护武装,也是阴谋最难以突破的坚韧堡垒,霎时间成了可以对她展开有效攻击的最大后门。不过,一个有趣的问题是,连仆人希罗都知晓李古潦"这一班好吃白食的,没多少信义可言"(1.1,页74),卡利马科还要刻意结交,并且和盘托出,是因为他的无知和无能吗?而李古潦竟然自始至终尽职尽忠,毫无怨言,这是命运眷顾、侥幸得逞吗?

提莫窦的最初降服,是李古潦诈术的登峰造极之作,以至于提莫窦说:

> 　　我不知道谁骗了谁。这狡猾的李古潦来跟我谈那头一桩事,就是为了试探我,要是我同意头一桩,他就能更容易劝我这一桩;要是我不同意这一桩,他也就不跟我谈这一桩,免得泄露他们的计划,至于这事是真是假,他们倒并不在乎。我是真的被骗了;您别说,他们的欺骗对我却有好处。尼洽老爷和卡利马科是有钱人,不管从谁那儿,都能大捞一票;这事还得仔细保密,不可外传,因为对他们事关重大,对我也一样。不管事情怎么样,我都不后悔。(3.9,页98)

提莫窦明知受骗依然"不后悔",除了请君入瓮和利诱成功之外,就在于"事关重大",这实质上也是唯一让他真正宽慰的一点:"什么事扯上了大家,那你我可就分不了家。"更明确一点儿说,就如洞悉利害的仆人西罗独白所说:"我也希望这样,我相信这事儿不会败露,因为一旦败露,我就性命难保……"(2.4,页84)一旦上了贼船,所有人都成了同一条绳上的蚂蚱。

可以想见,李古潦对卡利马科的降服,未尝不是隐含着同样的心理逻辑,但却更为简洁,也可能更为复杂。卡利马科行事另有原则,他用人不疑,貌似并不依靠奸诈取胜:"要是一件事临到某人头上,要是你向他交了底,那你就得相信,他会全心全意替你去办的。"这一原则,就如同西罗暗暗把"希望"变成了"相信"一样,似乎愚钝不堪:就好像是一种将命运自动交出的方法。但是换一个角度来看,卡利马科不过是把别无选择当作必然如此罢了:拉一个忠贞女子下水,而且首先要对付一个有钱的丈夫和一个水性杨花的母亲,一个前皮条客恐怕是他唯一可以依赖的利器。他用胆量和勇气来补足自己的布局。"可就算是希望渺茫眼看着一场空，一个男人想要办成事情的意志和愿望，也得让它看起来不是这么糟糕。"（1.1，页73）

事实上，正是卡利马科的坦诚，反而激起了李古潦的共鸣，一方面，一种基于皮条客但又超越皮条客的义愤在他心中涌动："我不相信这世上还有比他更蠢的人了；可机运女神却这么眷顾他。他这么有钱，还有个漂亮老婆。"（1.3，页76）这也是李古潦唯一一次附和卡利马科使用"机运"这个字眼。因而才有了他对卡利马科的表白："不必怀疑我的忠诚……咱们俩总是血性相投，我就跟你一样，恨不得你的愿望能够实现"（1.3，页77），这一次他心口如一，他下决心结成的是一个"血性"的联盟；另一方面，他又说"要是你有胆量，要是你信任我，我倒是有条妙计……"（1.3，页78）卡利马科的坦诚已经展示了胆量，他从那一冒险原则中传递出的信息并且期望得到的最好回报，无过于此——他创造出了自己的"幸运"。卡利马科对于李古潦"疏可跑马"，在佛罗伦萨的一个月时间里，对于自己的仆人却曾经密不透风。与其说卡利马科行事鲁莽，不如说他有着更精明的算计。对李古潦的成功展示了他的先知本能。

马基雅维利的确警告说："雇佣军和援军是无益的，并且是危险的。"[1]然而他最推崇的新君主典范博尔贾，却恰恰是从雇佣军和援军起步的；并非博尔贾不晓得其中的利害，只是时势无可回避。雇佣军并非必然是旧君主的标志，新君主的光荣恰恰在于能完成更困难和危险的任务。

> 一个人如果在开头的时候没有奠定基础，事后可以运用巨大的能力去打基础，虽然这对于建筑师来说是很困难的，而且对于建筑物是很危险的。[2]

把雇佣军逐渐变为自己的军队，博尔贾做到了，卡利马科也做到了：李古潦是一个典型的个案，提莫窦实质上是另一个典型。

提莫窦的归附，如上所述，最初只具有雇佣军性质，他无意深深卷

---

[1] 马基雅维利，《君主论》，前揭，页46。

[2] 同上，页25。

入。甚至在事成之后的那个夜晚,他也是比别人更早地退出。他在那个夜晚是唯一一个倍受煎熬的人,只是因为他比别人更在意报酬能否对得起他的付出。也正因如此,第四幕第二场和第五场看起来意味深长。

在大功看起来即将告成之时,卡利马科突然"发现"了一个巨大的失误:"要是我跟你们一块儿,我就不能是你们逮到的那人;要是我不跟你们一块儿,他就会看穿咱这计谋。"(4.2,页106)要知道,我们并不清楚拉拢勾结修士提莫窦,是不是卡利马科和李古潦在暗室里共同设下的圈套,但这个有失误的建议和对其中失误的"发现",显然只能归功于卡利马科一个人,因为直到经过他的详尽解释,李古潦才得以一窥究竟。虽然卡利马科故作无助,但是问题的提出其实已经隐含了问题的解答。提莫窦绝不能若即若离,而必须更深入地参与到整个阴谋中来,才能成为卡利马科可信赖的,而不仅仅是从属于李古潦的子弟兵。卡利马科和提莫窦的初次相遇,只说了两句话——卡利马科再一次显得极为坦诚,可是一切都在不言之中:

> 卡利马科:……咱们还是开诚布公吧:我自己和我的全部家当可都在您的手里捏着呢。
> 修士:这我明白,我也相信你这话:我已经开始为你干事了,这世上换个旁人,我可绝不会替他干。
> 卡利马科:您的劳苦不是白费的。
> 修士:只要你觉得我好就行了。(4.5,页110)

李古潦唯一扳回一局的,是他比卡利马科更懂女人:

> 你要在这一夜赢得她欢心,你要在走之前让她认识你,跟她坦白这计谋,向她表露你对她的爱慕之情,告诉她她对你的好处有多大,还有,要是此事不泄露出去,她就能做你的朋友,要是此事传得沸沸扬扬,玷污了大家的名誉,那她就是你的敌人。他不可能不同意你的,再说她也不会只想要这一夜。(4.2,页107)

这是来自于一个资深皮条客的经验总结,不乏对于女人的恶意却深刻的揣测。可是即便如此,这也仅仅是一个建议而已,李古潦非常明白：“你想回来，那就全靠你自己了，靠不了我们。”（4.2，页107）所有人和所有人的家当都交到了卡利马科一个人手里。只是与提莫窦不同，李古潦对卡利马科更有信心。

接下来的事情才更值得玩味。李古潦的预言应验了吗？卢克蕾佳就其本性而言，果然是与索斯特拉塔并无不同吗？正是在这里，我们发现，马基雅维利引起了我们最大的困惑，卡利马科似乎也遇到了他真正的对手。因为究其根本而言，与其说所有人和所有人的家当都交到了卡利马科的手中，不如说是交到了卢克蕾佳一个人的手里。

三、卢克蕾佳

无论我们信不信，李古潦是确信他的预言“一丝不差”地实现了，卡利马科的回忆似乎也佐证了李古潦的先见之明：“一个年轻情郎的吻”，似乎根本上改变或者确证了卢克蕾佳的本性。或者我们不妨再加上提莫窦此前的恶毒预言：“说到底，凡是女人都没什么脑子；谁要是会说两句话，她可就算是个先知了；因为在瞎子的地盘上，有一只眼睛的就是老大了。”（3.9，页98）我们甚至可以非常有理由确信，马基雅维利是把《君主论》里那段粗俗的名言搬到了剧场：

> 命运是一个女人，假如你想要让她臣服，就有必要打她，用力冲击她……如同一个女人，命运总是年轻男人的朋友，因为他们更不谨慎，更凶猛，更有胆量对她发号施令。[1]

情况也许的确如此。但我们是否可以轻易地抛弃此前的人物设定？卡利马科说：“敢情卢克蕾佳夫人（美貌和品行）恁大的名声，比起她的实情来，着实还有所不如。”（1.1，页72）李古潦赞赏她“又贤惠，又文雅，嫁个国王都不掉价”（1.3，页76），提莫窦也说她“又明白又善良”（3.9，页98）。卢克蕾佳的聪明和品行随风而散了吗？她在剧中仅仅是成就卡利马科之名的一个牺牲品吗？不要忘记，以忠贞不屈之名为罗马共和国奠基的卢克蕾佳，仅仅是这个名字，就会勾起所有共和国观众最美好的回忆。或者可以说，她是罗马重新奠基的隐形“新君

---

[1] 马基雅维利，《君主论》，前揭，页101。

主",而卡利马科(Callimaco),就其字面意思而言,则无非是最美的使徒(马克)。卢克蕾佳的反转,就如同在一个早上被博尔贾研为两段的雷米罗,不免使观众"既感到痛快淋漓,同时又惊讶恐惧"。①

　　如果不是探幽钩玄,舞台上的卢克蕾佳,势必会分裂成两种并不能融合在一起的形象:在那个夜晚之前,她有的是无聪明的品行,当然悖谬的是,恰恰是无以复加的品行将她带入了堕落的深渊;而在那个夜晚之后,她平添了一股无视品行(天主教最称道的贞洁)的聪明,这种聪明劲儿倒使她像一位垂帘听政的新君主,甚至比卡利马科更指挥若定。

　　在那个夜晚之前,她以为"我就是不相信我会干这样的事儿,哪怕在世上就剩下我一个人,全人类都要靠我来留种"(3.10,页99);她说"我同意了。可我不相信明天早上还能活着"(3.11,页101)。而在那个夜晚,正是卢克蕾佳自己对此后的事情做了最完善的安排:"你就干脆跟他交个好朋友吧,今天早上到教堂去,回头再来家里咱们一起吃饭;什么时候来,待多久,全在你,也没人会猜疑。"(5.4,页121)尼洽博士成了卢克蕾佳最好的挡箭牌。到教堂去,一起吃饭,都是博士做的决定,卢克蕾佳随声附和,却更像是未卜先知;所有相关人员皆大欢喜,又无处不隐含着她心思缜密的秘密干预。

　　仔细探究下来,卢克蕾佳未卜先知的判断力甚至在事前就有了:"我常觉得尼洽老爷想要孩子的愿望会坏事……"(3.10,页99)她只是没有想到事情恰好会坏在自己身上;她甚至也几乎猜到了,她"热得出汗了",她进行了力所能及的反抗。只是在"瞎子的地盘上","一只眼睛"的知识反而恰好帮了她的倒忙。她的聪明和善良一起被利用了。

　　在教堂里,修士和被他唤醒的书本一举抄了她的后路,以至于让她觉得,如果不是同意此事,反而是"良心"不安的,反而是"有罪的",或者即便是有罪的,也是很容易"洗掉的"。这就是修士劝解的那个关键性修辞段落:

　　　　说到良心嘛,您得抓住这么个原则:要是明摆着有好处(bene,也可译为"善"),没准也会有坏处(male,"坏"),那咱们就不能因为怕坏处就把好处也给放过了……犯罪的是意愿,而不是身体;犯

①　马基雅维利,《君主论》,前揭,页28。

罪的原因是让丈夫不开心，而您是讨他欢心的；让他开心了，您有的只是不开心。(3.11，页100)

卢克蕾佳是美和善的化身，她也是如此追求美和善，以至于她宁可去做丑和恶的事情；她为此所困，没想到丑和恶可能恰恰是以美和善的名义显现出来。修士秘而不宣的"另一只眼睛"的知识，必然是关于丑和恶的。

比较卢克蕾行为举止上最大的差别，就在于事前卢克蕾佳会主动说"全凭天主的意愿"(3.11)，而事后卢克蕾佳只会被动地说"全凭天主旨意"(5.6)。她在那个晚上到底学到了什么？她的品行同时丢失了吗？她的变化真的只是来自于"不会只想要这一夜"吗？

卡利马科和李古潦都被巨大的喜悦所迷惑，以至于忽略了卢克蕾佳心理上的巨大波动。直到第二天一早，卢克蕾佳仍然余波未平。尼洽老爷看到她"看上去活像只公鸡"，"今天早上你可真冲！"卢克蕾佳则语带机锋："那是托您的福。"(5.5，页122)她不像一个只是沉溺于情欲的人，或者只是为了未来的情欲而处心积虑的人。

卡利马科和李古潦大概也并没有认真领会卢克蕾佳所叹的那口气，或者只是将其当作是女人对于命运的屈从：

> 既然你的狡猾、我丈夫的愚蠢、我母亲的轻信和我告解师的恶意竟让我做出这种我从不会做的事儿，我想这也真是天意，老天爷乐意这样，老天爷要我接受，我就不能拒绝。相反，我是把你当作主子、保护人和向导的：你就像是我的父亲、我的护卫，我的幸福全靠你了；我丈夫乐意咱们这一夜，我希望它永远这样下去。(5.4，页121)

卢克蕾佳没去寻死，但是此前笃信基督的那个卢克蕾佳确然已经死了，她的"天主"已经悄然被"天意"(celeste disposizione)或者"老天爷"(cielo)所替代，这是她遭遇的"命运"；她决心将卡利马科看作她的"主子、保护人和向导"，抑或"父亲"或者"护卫"，而并不是她现在或者未来的丈夫。这更像是一种政治安排，也可以说是一种神学安排，而很难说是一种情欲安排。这一安排当中最具有情欲的部分，也就是"我丈夫乐意咱们这一夜，我希望它永远这样下去"，一派青年人的逆反之情，更像是她对于命运的打击、冲锋和发号施令。

这是卢克蕾佳最像卡利马科的时刻，或者就是她从这个狡猾的"主子、保护人和向导"学到的最重要一课，这一课之所以更具有冲击力，是因为它有意或者无意激活了她此前的"主子、保护人和向导"提莫窦的一个邪恶教诲："罗得的女儿们想着世上只剩下她们了，就与她们的父亲睡觉；因为她们的意图是好的，所以她们就不算犯罪。"（3.11，页100）罗得恰好是来自索多玛与蛾摩拉，《旧约》里最著名的邪恶之城。事成之后，尼洽老爷劝卢克蕾佳"去找修士谈谈"，"就好比你得到了新生"，卢克蕾佳去了，就像是去跟旧世界告别，她与所有人虚与委蛇：她学会了以邪恶的方式与邪恶的人一起生活。那么，她还会不会兑现自己另外的承诺，"哪怕在世上就剩下我一个人，全人类都要靠我来留种"呢？什么又是他"一个人"的"留种"呢？

比较卡利马科和卢克蕾佳，我们不难发现他们之间的细微差别。卡利马科对李古潦说："九点钟之前我很不自在，虽然我也很快活，我却总觉得那不好。"他一面享受犯罪的快乐，一面又受到良心的折磨；而在得到了卢克蕾佳的承诺之后，他所能想到的最高的幸福和快乐，是"比蒙福者更有福，比圣徒们更圣洁"（5.4，页120—121）。在喜剧最后一场，他主动对尼洽夫妇说"天主赐福你们"（5.6）。他既想超越于天主教之外，又总是在天主教之中。卢克蕾佳并不敞露自己的内心，但她仿佛只是接过了卡利马科此前曾经仅是想想而已的事情："你最糟的事儿也就是死掉下地狱：别人这么多都死了！地狱里不尽是大好人？你就面对命运吧！"——这也是马基雅维利自己的生命箴言。而在此前，提莫窦曾经抵达卢克蕾佳的内心："您的目的是在天堂有一席之地，还有就是满足自己的丈夫。"（3.11，页100）无论从哪个角度看，卢克蕾佳现在都是在心里舍弃了天堂和丈夫，她是孤独的"一个人"。

马基雅维利最令人印象深刻的一句名言，是写给卢克蕾佳这样理想幻灭的人的，也是写给"新君主"的：

> 我觉得最好论述一下事物在实际上的真实状况，而不是论述事物的想象方面。许多人曾经幻想那些从没有人见过或者知道在实际上存在过的共和国和君主国。可是人们实际上怎样生活同人们应当怎样生活，其距离是如此之大，以致一个人要是为了应该怎样办而把实际上是怎么回事置诸脑后，那么他不但不能保存自己，

反而会导致自我毁灭。①

　　那个想象中的共和国，直接针对的对象，无疑就是柏拉图的"理想国"，即"美－城邦"（calli－polis）。然而，这一"美之城邦"，正如施特劳斯所已经指出过的，毋宁更像是柏拉图对于阿里斯托芬喜剧《妇女大会》的戏仿：它与其说是苏格拉底的最终教诲，不如说是他对于一个想象之中"美之城邦"的净化。可以相互参看的，是在《会饮篇》之中，苏格拉底对于爱欲的赞颂，也是从"真实"对于"美"（以阿伽通为代表）的净化开始的：

　　　　你们不过收罗了所有值得收罗的，然后堆砌到爱若斯身上，大谈他本身如何如何、带来了什么了不起的这样那样，让爱若斯在不了解他的人眼里显得美得不行、好得不得了——可知情的人当然晓得，其实并非如此……要是你们肯让我说些实话……我倒愿意试试。②

　　如果我们愿意，我们可以说，这是苏格拉底式的马基雅维利主义。
　　《会饮篇》里唯一可称之为与苏格拉底同行的，也是喜剧家阿里斯托芬，他是苏格拉底出场的前奏。只是在喜剧《云》当中，他提前警告苏格拉底不要触犯"亵渎神灵"之罪；而在《会饮篇》里，苏格拉底则反唇相讥："美就是命运女神和助产女神。"（《会饮》，页83）

　　　　他们（建国者）立功立言，孕生了各种美德。正是由于他们留下了这样的［灵魂的］子女，后人才替他们建了许多庙宇（立为神明），那些身生子女何曾替父母带来如此崇敬。（《会饮》，页89）

　　诸神另有其实质，诸神的实质是被崇敬的助产者或者（身体或者灵魂上）生育的人。
　　美丽的卢克蕾佳被卡利马科看作自己的命运，被尼洽老爷看作自

---

① 马基雅维利，《君主论》，前揭，页59。
② 柏拉图，《会饮》，刘小枫等译，北京：华夏出版社，2003，页65－66。以下随文夹注页码皆出自此版本。

己的助产者。卡利马科看到了自己的命运——卢克蕾佳,却并不知道自己同时是卢克蕾佳新生的助产者;尼洽老爷求诸卡利马科为自己和卢克蕾佳助产,却并不知道自己和卢克蕾佳的命运。

卡利马科就如同阿里斯托芬笔下被切割的球形人,他的非分之想是被神圣律法所禁止的,但他的爱欲则又是由神圣律法所带来的,他的爱欲之中蕴含了他的非分之想。他冲撞律法以满足自己的非分之想,但是他的爱欲又总是在神圣律法之中。他的"命运"是在旧的律法之中的。

李古潦曾经警告卡利马科,事情成败的关键在于是否"泄露出去",在于是否败坏声誉。卡利马科除了诉诸尼洽老爷的头脑简单以外,进一步向卢克蕾佳保证:"一旦天主将她丈夫召走,我就娶她为妻。"这一招肯定奏效了,因为在另外一侧,正是索斯特拉塔的一个说法,才最终让卢克蕾佳去听一听修士的意见:"你难道不明白,女人没孩子也就没有家? 丈夫死了,她就像是畜生,人见人嫌。"卢克蕾佳由此明白了,在这个世界上,女人注定需要一个"主子、保护人和向导"。

卡利马科会兑现自己的承诺吗? 我们并不知道。阿里斯托芬只是告诉我们,就其本性而言,一方面,"他们天性上就对娶妻生子养子女没有兴趣,要不是迫于法律,他们宁愿不结婚"(《会饮》,页 51 – 52),更何况,一旦他得到了卢克蕾佳,卢克蕾佳就已经不再是他曾经为之疯狂的那个卢克蕾佳了,卡利马科的良心已经暴露了他的内心;但另一方面,他们——卡利马科这样的人,终究又是要敬神的,因而是要娶妻生子养子女的,但这不过是因为"得罪众神通常都是由于冒犯了爱神"。

阿里斯托芬相信只有卡利马科这样的人才是"搞政治的好手",他们的热情和能力就是来自其爱欲。虽然他口头上说:"有人说,这些男孩无耻,其实搞错了……"(《会饮》,页 51)事实上,那个这样说的人就是他自己,他知道卡利马科是无耻的:虽然他对爱欲的描写的确摄人魂魄。他说"(有情人)只要遇到自己的另一半,马上就互相迷恋得不行,粘在一起,爱得一塌糊涂,恨不得一刻不分离"(《会饮》,页 52)。但是他也很清楚:

> 如何火热地与另一个粘在一起,恐怕很难说只是为了性事的快乐;其实,两人的心明显都愿望着某种东西,只不过实在说不出来,至多隐约感领一下所愿望的,然后含糊地暗示暗示。(《会

饮》,页 52)

那个隐约愿望的东西,其实并不是对方,而仅仅指向他自己。

正是在这里,我们看到了卢克蕾佳与卡利马科最大的不同,尼洽老爷某种意义上倒成了卢克蕾佳的投影。恰如苏格拉底所引述的女巫第俄提玛所袒露的"爱欲和欲望的原因",是"会死的自然总想尽可能让自己永远不死。会死的自然要不死,唯有靠传宗接代,不断有年轻的接替老的"。卢克蕾佳和尼洽老爷关心不朽,只是尼洽老爷只关心身体的不朽,而卢克蕾佳在意的是灵魂的不朽:"我丈夫乐意咱们这一夜,我希望它永远这样下去。"真正"乐意"的是卡利马科,卡利马科的革命性只在"这一夜",而卢克蕾佳则希望"永远这样下去",革命永不停息。

一个卢克蕾佳以死亡为罗马共和国奠基,而另一个卢克蕾佳以活下来为新的君主国奠基;一个马克是旧制度的使徒,另一个马克将是新制度的使徒——他虽然仍然在旧制度当中,却将为新制度所用。卡利马科是"最美的马克",表面上看起来,他是卢克蕾佳的"主子、保护人和向导",然而,他之所以成为"主子、保护人和向导",恰恰是以卢克蕾佳让他当"主子、保护人和向导"为条件的——他的命运掌握在卢克蕾佳的手里。卢克蕾佳败坏了自己的宗教声誉,却将捍卫自己的政治声誉,她将命运掌握在自己手里;卢克蕾佳维护了尼洽老爷和提莫窦表面上的声誉,却将在舞台上永久颠覆那些只会贩卖书本上美好语言之人的声誉。卢克蕾佳如同《奥德赛》里的佩涅洛佩,她在白天织布,只是为了晚上将其拆解开来。卢克蕾佳在天上的"天国"破灭了,她在大地之上重建一个政治上的"天国"——这大概就是卢克蕾佳,或者说也是马基雅维利"一个人"的"留种"。

葛兰西及后来的阿尔都塞都高度重视马基雅维利的《君主论》,将其看作《共产党宣言》之前的《共产党宣言》,他们尤其重视《君主论》的序言,在那里,马基雅维利说:

> 一个身居卑位的人,敢于探讨和指点君主的政务,不应当被看作僭妄,因为正如那些绘风景画的人们,为了考察山峦和高低的性质便厕身于平原,而为了考察平原便高踞山顶一样。同理,深深地认识人民的性质的人应该是君主,而深深地认识君主的性质的人

应属于人民。①

葛兰西由此评价说：

> 现代君主，作为神话－君主，不可能是某一现实人物或具体个
> 人，它只能是一个有机体，一个错综复杂的社会要素，通过它，那个
> 得到承认并在行动中多多少少得到维护的集体意志开始凝聚
> 成形。②

作为舞台形象的卢克蕾佳具有两种特性，她比那作为她"主子、保
护人和向导"的卡利马科地位卑微，但是又比并不真正具有自我意识
的卡利马科高贵：她是认识了人民的君主，又是认识了君主的人民。

即便如此，仍然有一个恼人的问题如芒在背：所有这些安排，是否
依然不过是表明了李古潦的先知洞见：索斯特拉塔太太是不是"老树
又发新芽了"？卢克蕾佳是不是终究"不会只想要这一夜"？答案或许
并非完全是否定性的，因为"爱若斯就是欲求自己永远拥有好的东西"
（《会饮》，页82）。正是一句"我的女儿，你得相信我像这世上这么多
人一样在乎你的名誉和你的好日子"，索斯特拉塔才将女儿引到了修
士面前。只是答案可能是以苏格拉底式的方式显示出来。在政治天才
阿尔喀比亚德眼里：

> 苏格拉底活像雕刻铺前摆的那些锡勒诺斯，雕刻匠们把他们
> 雕成手持牧管或箫的样子；要是把他们的身子向两边打开，[身
> 子]里面的神像就露了出来。（《会饮》，页65—66）

苏格拉底是如此充满爱欲，以至于他是完全自制的。阿尔喀比亚
德与苏格拉底也曾经度过了奇妙的一夜。

甚至所谓苏格拉底的"第二次远航"，也是卢克蕾佳式的，他由此
学会了接受丑和恶，用阿尔喀比亚德的话来说：

---

① 马基雅维利，《君主论》，前揭，页2。
② 葛兰西，《现代君主论》，陈越译，上海：上海人民出版社，2006，页5。

> 谁要是听苏格拉底谈话，开头会觉得可笑得很，那些话以及说法，简直就像一个张狂的萨图尔裹在身上的皮。他谈的尽是什么驮东西的驴子啦，什么铁匠、鞋匠、皮匠啦……可是，一旦把他的话打开往里看，你首先发现这些话骨子里全是道道，然后才晓得，他的言谈实在神明端正，里面藏了一堆各种各样的美德神像。（《会饮》，页114—115）

马基雅维利也是如此。

以下这一观点也许代表了施特劳斯的真实看法：

> 即便我们被迫不能不承认，而且恰恰如果被迫不能不承认，他的学说是恶魔的学说，他本人是一个魔鬼，我们也依然不能不铭记这样一条深刻的神学真理，即魔鬼其实是堕落的天使。①

施特劳斯将马基雅维利看成现代性的开创者，但是马基雅维利与他所批判的古代对象却出乎意料地并非水火不容。他比他所处的时代距离我们更近，但是又比他所处的时代可能距离我们更远。

---

① 施特劳斯，《关于马基雅维利的思考》，申彤译，南京：译林出版社，2016，页6。

《丧服郑氏学》徵引文献论略

吴 飞*

（北京大学哲学系）

摘 要：晚清张闻远先生《丧服郑氏学》徵引古今丧服学著作甚多。作者整理点校此书既竟，遂分析其徵引文献特点，共有四点：搜罗富、校订精、存秘逸、除门户。基于这四点，闻远先生可以吸取历代的丧服学精华，诠释郑学精要而不佞郑，成为诠释丧服义理同条共贯的一套完整丧服学体系，使得其书不仅成为清代丧服学集大成之作，于历代丧服学之整理提升亦有相当大的贡献。

关键词：张闻远 丧服学 文献

丁酉之岁，笔者点校张闻远先生《丧服郑氏学》既竟，付梓出版，①稍窥先生丧服之学，以为此书是清人丧服学集大成之作。校书之余，也曾留意先生徵引前人礼学文献，既富且细，尤以清人著作为多，亦有很大的文献总结之价值。故比对先生文集、日记、书札，考索其徵引文献数则，以草成小文。

《丧服郑氏学》以《仪礼·丧服经传》为纲，列郑注、贾疏于其后，并附以诸家之说，争议大者，则以"锡恭按"阐述己见。这一体例于清人著作中甚为普遍，黄元同《礼书通故》当为其所仿之模本。元同先生另一弟子唐蔚芝先生所著《紫阳学术发微》等书体例亦类似。其书为折衷前人之丧服著述而成，故先生如何搜罗取裁历代诸家之说，所关甚巨。

---

* 作者简介：吴飞（1973— ），男，河北肃宁人，北京大学哲学系宗教学系教授，北京大学礼学研究中心主任，博士生导师，主要从事基督教哲学、中西文化比较研究、礼学等领域的研究。

① 张锡恭，《丧服郑氏学》，吴飞点校，上海：上海书店出版社，2017 年。

早岁在南菁书院肄业时,闻远曾作《读胡氏〈仪礼正义〉》课艺三篇,深得王葵园先生嘉许,其文亦广为流传。①　其中第一篇谈到,胡培翚《仪礼正义》之长有四:搜罗富、校订精、存秘逸、除门户。②　此四条,既为闻远读《仪礼正义》之所得,亦为其著《丧服郑氏学》《丧礼郑氏学》二书之原则,可谓夫子自道。本文即依此四条之序论列。

一、搜　罗　富

闻远述《仪礼正义》之搜罗富云:

> 贾氏作疏,《丧服经传》而外,所据者仅黄、李二家,国朝盛庸三氏撰《集编》,裒合古今说礼者一百九十七家。胡氏自朴斋纯轩(先生从叔祖,名匡宪)而后,积书既多,先生生礼学昌明之时,交游广而借钞易。今核其书,增多盛氏《集编》者,又几及二百家。采择既多,折衷斯当,此搜罗为不可及也。

胡氏为《仪礼》郑注作新疏,搜罗前人《仪礼》著述甚多。闻远为《仪礼》之一篇《丧服》作解,收录古今论丧服之说亦近百家,《丧礼郑氏学》所录更多,其搜罗亦可谓富矣。且笔者所能统计者仅为合于郑注而录其说者,其余闻远以为不合于郑注之论,则或于按语中提及,或弃而不用者,当有更多。此书并非丧服学史,而是围绕郑注,再综合历代学者对郑注的阐发,而形成的丧服学义理体系,所以其书一方面极度依赖于前人著述,另一方面又采择极严,并非所见之书皆收录。

胡氏能成《仪礼正义》,是因为他有机会看到大量文献,而闻远此书,这个条件也非常重要。闻远著书之初虽于京师修礼,成书时已经国变,困居小昆山,得书不易,而闻远终于成此巨秩,或有如下数因。张氏为松江望族,历代为读书人,闻远之父夬斋先生尤藏书甚富。粤匪之役,张家藏书多毁于兵燹,然其后又节衣缩食,晚年渐复旧观。又有松江韩氏为藏书名家,与张氏为姻亲,"时韩丈蓥卿收宋本书,多吴门黄

---

① 张锡恭,《读胡氏〈仪礼正义〉》三篇,分别收入《南菁讲舍二集》《清儒学案》《茹荼轩文集》,稿本则藏于笔者处。

② 见张锡恭,《读胡氏〈仪礼正义〉(一)》。

氏士礼居所藏者,每获一善本,必邀府君审定而论列之,合两家所藏,可得二百余篇"。① 张氏、韩氏藏书,当为闻远读书、著述之文献所本。② 闻远后入南菁书院,其藏书楼收书甚多,又从学于黄漱兰、黄元同、王葵园、缪艺风等名家,交游于曹君直、叔彦兄弟,见书必多;其后入京修《大清通礼》,于礼学馆即着手于《丧服郑氏学》之撰作,多有文献可依。国变后返乡,隐居小昆山,专意著述,穷困潦倒,然亦有其甥封衡甫之藏书可赖,且与曹氏兄弟过从甚密,多从之借阅所需文献。如民国元年,闻远方隐居不久,即致函曹叔彦云:"明年春暖,尚须诣府,既得聆发蒙之雅训,又将窥邺架之珍藏,有可补益拙著者,恳求一瓻之借也。"③所余钱财,间或入城购书。君直先生有诗云:"吾爱张夫子,隐居峰泖间;衣冠流俗讶,经籍列朝班;结庐依先墓,开门见故山;偶尔入城市,知是买书还。"④由此可见,闻远见书既多,著书之时虽贫,当不乏可用之书。

汉唐之间礼学甚盛,而其书多不传,除《白虎通》、贾、孔疏中所存,史书所载礼制沿革,以及后人辑录之《郑志》外,闻远多赖《通典》,以录石渠阁议礼、大小戴、马融、王肃、谯周、射慈、徐整、袁准、刘智、贺循、虞喜、陈铨(或作"陈诠")、雷次宗、庾蔚之等人论礼之说,以及诸多服议。或有不从郑学者,皆因录争论往还之故;若出条目单录马融、王肃之说,则必合于郑学者,若有不同,则必以按语纠之。据笔者粗略统计,《通典》共录 190 条(有些条目后有"又"再补充,总共视为一条),其中单录者见下表:

马 融	83	孔 伦	1
王 肃	5	杜 佑	1
雷次宗	18	徐整、射慈对谈	7
陈诠(陈铨)	12	贺 循	6
谯 周	2	袁 准	2

唐人改制为丧服史上重大变化,多从《通典》《开元礼》录出,而唐

---

① 见张锡恭,《张伊卿行述》,稿本藏上海图书馆。
② 《茹荼轩日记》中多有言及"韩大表姐"家藏书,可知闻远读韩氏藏书甚多。
③ 见王欣夫辑,《复礼堂友朋书牍》,钞本藏复旦大学图书馆。
④ 曹元忠,《赠张闻远孝廉》,《笺经室遗集》,学礼斋刻本,卷十七。

人丧服学可观者少,唯引孔颖达《礼记正义》一条,李涪《刊误》与韩愈论改葬服各一条,并由《太平御览》引成伯瑜一条。

闻远徵引宋人论丧服之说不少。北宋诸家,录有刘敞、陈祥道、程子、张子、范祖禹、胡诠各一条,南宋则多录朱子文集、李如圭《仪礼集释》、杨复《仪礼图》、黄榦《仪礼经传通解序》、车垓《内外服制通释》。于朱子学派中,尤以李如圭《仪礼集释》参考最多,盖因戴东原于《永乐大典》中辑出此书,是清人经学之一大成就,其后清人治丧服学,不可忽略,故闻远引之多达108条,当为撰着时常备之书。收录宋人条目见下表:

刘　敞	1	范祖禹	1
陈祥道	1	张　子	1
程　子	1	胡　诠	1
朱　子	14	李如圭	108
黄　榦	12	杨　复	3
车　垓	4	吴　澄	1

元儒敖继公之学,为清人争论之焦点。[1] 于敖氏与郑立异之处,闻远于按语中排斥甚烈,至有胶柱鼓瑟、扣盘扪烛、胸无定见等语。此为清代郑学者所常见,无足多怪。然敖氏之《仪礼集说》,亦是闻远案头必备之参考书,书中正面徵引敖氏合于郑学之说多达72条,且于闻远丧服学至关重要之《正尊降服篇》,则由敖氏之疑而深思降服之例,谓:

> 微君善斯言,则无自发吾之说。《诗》不云乎:"他山之石,可以攻玉。"《礼经》有敖氏《集》,抑亦学礼者攻错之资也。[2]

敖氏之学虽不同于郑,清人礼学多赖之以兴,闻远之学即其一证也。

明人礼学不昌,丧服学多无足观,唯郝敬一家,闻远录其说12条。

---

[1]　彭林,《清儒对敖继公之臧否与郑玄经师地位之恢复》,参见《〈周礼〉主体思想与成书年代研究》附录三,北京:中国人民大学出版社,2009年,页221-261。

[2]　《丧服郑氏学》卷六,整理本第403页。

此外有其他人论服之说各录一二条,见下表:

邵 宝	1	吕 柟	2
湛若水	1	王廷相	1
郝 敬	12	高 愈	1

清代礼学兴盛,丧服学更为大宗,故《丧服郑氏学》书中所录清人丧服论说共 54 家,详见下表:

顾炎武	16	黄宗羲	1
姜宸英	1	李良年	1
汪 琬	8	徐乾学	15
万斯同	2	华学泉	5
万斯大	4	朱 轼	1
阎若璩	1	吴廷华	19
沈 彤	27	吴 绂	4
张尔岐	32	姜兆锡	1
方 苞	19	蔡德晋	2
盛世佐	48	江 永	2
褚寅亮	30	汪 中	1
金 榜	5	毛岳生	1
秦蕙田	3	钦定义疏	15
戴 震	2	王士让	2
程瑶田	13	黄丕烈	1
凌廷堪	3	孔广森	1
焦 循	1	段玉裁	8
胡匡衷	1	张惠言	4
胡承珙	4	臧 庸	1
江 筠	4	张 履	2
胡培翚	112	徐养原	1
邹汉勋	2	凌 曙	21
曾国藩	2	郑 珍	30

（续表）

吴嘉宾	1	陈乔枞	2
夏炘	10	顾广誉	2
黄先生	15	陈立	4
夏震武	1	曹元弼	54

　　此 54 家中，胡培翚《仪礼正义》录 112 条，为全书中所录条数最多之礼学家，可以推知，此书与《仪礼集释》《仪礼集说》当皆为闻远案头最常备书籍，条条与贾疏对读。闻远于胡氏之说虽时有批评，从中所取者亦颇多，盖胡氏《仪礼》之学为闻远丧服学之基本框架，其赞胡氏之语本文已备录之，此不复多言。盛世佐之《仪礼集编》与胡氏之书类似，收集前人《仪礼》类著作极多，故闻远收录亦不少。张尔岐所著《仪礼郑注句读》虽是短篇，却为清人《仪礼》学由敖入郑之关窍，故闻远言郑氏学，不可忽略之。所录张氏诸条虽不过二三行，然多为紧要处。

　　对闻远丧服学义理体系影响最大的，实为沈彤、郑珍、曹叔彦三人，其所录条目未必最多，然闻远于其说极为服膺，故常大段引用。沈彤为清初大儒，所著《仪礼小疏》并非解《仪礼》全书，而于丧服之学颇具特识，多处开清儒新说。如斩衰章“妇人不杖”一条，历来论者多端，莫衷一是，于诸家之中，惟沈果堂之说足以开闻远之思，而成《丧服郑氏学》之定论。[1] 沈彤《仪礼女子子逆降旁亲服说》长文，《丧服郑氏学》亦全文收录。遵义郑珍《仪礼私笺》治丧服学亦极精，且折衷亲亲、尊尊二义，于清世丧服学中卓然成家，言丧服义理最密。故《丧服郑氏学》卷首言丧服义理，引贾疏、李如圭、徐乾学、盛世佐、《钦定义疏》、胡培翚、曹叔彦之说，而尤以郑子尹之说为权衡。闻远丧服学大义，当基于子尹之学增改而来。曹叔彦与张闻远同在南菁肄业，二人论学最相得，互为师友。曹叔彦《礼经校释》二十二卷成于早年，后又奉张香涛之命，撰《礼经学》七卷，多有发前人所未发之处。闻远引《礼经校释》多而且长，凡关键义理，必参曹氏之说。如为人后之服，为丧服学史上争论最多者，曹叔彦于《礼经校释》中反复参度，区分若子与降等二项，使为人后服聚颂千载之难题，涣然冰释，闻远全从其说，于为人后相关之数条经文，皆

---

① 　参考吴飞，《论妇人不杖》，收入彭林等编，《礼乐中国》，上海：上海书店出版社，2013 年，页 90－124。

引叔彦之论。然于妇人不杖、祖死適孙承重、嫁母服等处，闻远于叔彦之说皆有批评，叔彦后作《礼经学》时，亦多从闻远之说而自驳。然《丧服郑氏学》引《礼经校释》有与刻本不同者，疑或据曹氏稿本。于沈、郑、曹三人之学，闻远皆有批驳之处，然此书之成，受益三人之学甚多。

顾亭林、夏炘、黄先生，书中所引亦多，当为闻远极为敬重且受益之学。清初学者中，顾亭林、万氏兄弟、汪琬等，皆有多条录入，其中尤以顾亭林为多，共 16 条。亭林开清人学术之风，其学行均为闻远终生景仰，众多论题，引领其后清学讨论，然于学问细部，毕竟未经乾嘉后之细致辨析，亦多有闻远所不许者，故其丧服论学，驳顾氏者不少，然从其说者亦多。当涂夏氏为清代中期儒学世家，夏氏兄弟学于凌廷堪，又不喜其攻击朱子之书，而其礼学颇有得于凌氏者，夏炘所著《学礼管释》《三纲制服尊尊述义》皆于丧服颇有心得，其弟夏燮著《五服释例》，亦为丧服学巨著。闻远论用杖、辟领等处，受益于夏炘《学礼管释》甚多，而于《三纲制服尊尊述义》与夏燮之《五服释例》无一言提及，疑未见其书。黄元同先生主持南菁书院十五年，为闻远业师，亦为闻远礼学之启蒙者，闻远师事之，礼敬甚严，所录条目虽不多，于《礼书通故》丧服部分之细部或有异同，而于黄先生礼学大义，颇能体会，如阎若璩、郑珍皆欲于郑君所列降服四品之外，增一年降（阎若璩所谓殇降）之说，而黄先生力斥其非，闻远反复思量，而从其师。再如卷六不杖期章为人后者条，黄先生破杜预之说，闻远按语以为，黄先生本可轻易驳倒杜氏，而终于牵缠反复诘难者，以其说足以并破杜预、王肃之说。吴廷华之《仪礼章句》，于清人《仪礼》学之发端，闻远极重之。方苞、褚寅亮、凌曙总结义例、拿捏礼意，多能发前人之所未发，故闻远录之亦多。

阎若璩与汪琬礼学之争，为清初著名学术争论，《丧服郑氏学》缌麻章"姪"条亦录阎氏之说，然阎氏所录仅此一条，按语中或出阎氏之说，皆为辩驳，如殇降之说，而录汪琬之说却有 9 条之多，且录其《祖免辨》一篇全文。可见闻远于汪氏之学肯定更多。

顾氏外甥徐乾学之《读礼通考》，实为清人丧礼学之滥觞，闻远不仅多引其说，且亦有多条未见原书，转引自此编。如缌麻章"妻之父母"条所引"成氏曰"，即转录自《读礼通考》。

曾国藩为晚清士大夫领袖，却无论学专书传世。《丧服郑氏学》中引曾氏二条，一为论升，一为论"不继祖与祢"，虽不长，却皆为关键所在，特别是后一条，牵涉到丧服与祭礼的重大问题。

又有清人言《仪礼》或丧服而闻远未录或少录者。如毛奇龄,闻远虽未录其说,而于按语中曾批驳之。又有凌廷堪,其《封建尊尊服制考》为清代丧服学名著,影响甚巨,然闻远仅录其说三条,而于按语中却多驳斥者,盖凌氏坚信士可称君,其封建尊尊之义与郑学颇不合。

二、校 订 精

闻远论胡培翚之校订精云:

> 近儒校勘礼经者,如卢抱经之详校,金璞园之正讹,浦声之之正字,而阮文达公校勘记犹详。此书既备录之,而阮氏作校勘记未见严本,原书仅据顾千里校录于钟本简端者采入此书,则以黄荛圃重刊严本一一核之,而阮氏所未见者。若汪容甫之经注校本,黄荛圃之校议,亦皆采录,此校订为不可及也。

此中所言《仪礼疏》数种校勘著作,《丧服郑氏学》中均亦采用,且有曹叔彦之《礼经校释》,为闻远所广为采纳,而多有前人未校出之讹误。如缌麻章贾疏:"此章,五服之内轻之极者,故以缌如丝者为衰裳。"今所见各本均如此,而曹氏云:"缌当为细。"此疏释郑注"谓之缌者,治其缕,细如丝也",自当以"细如丝"义胜。除曹校之外,闻远亦校出讹误多处,盖因闻远精治丧服礼学,于贾疏义理之误多所驳正,亦可指出刊本文字之误,如齐衰三月章,贾疏:

> 上皆言冠带,此及下传(传字,采盛世佐说,应为殇)大功皆不言冠带者,以其轻,故略之。至正大功言冠,见其正,犹不言带,缌麻又直言缌麻,余又略之。

闻远下按语云:"冠、带二字疑互误。"意思是,"至正大功言冠,见其正,犹不言带"应为"至正大功言带,见其正,犹不言冠"。何以知之? 正大功章经文云:"大功布衰裳,牡麻绖,缨,布带,三月受以小功衰,即葛,九月者。"言带而未言冠,故二字必互误也。此类讹误,闻远、叔彦二先生均校出非常多,盖非深通丧服之学,前后对勘,深入经传委曲者,不能见之。

《仪礼疏》实为此书之纲,共录 161 条。其所用版本,《自书覆校

〈丧服郑氏学〉刊本后》中云：

> 《礼经》贾疏，宋单疏本犹有存者，汪氏世钟影刊之单疏本，阙者，则有张氏敦仁合刻注疏，皆顾氏广圻为之校正，可依据者也。①

可知，书中所用《仪礼疏》以汪氏影刻之单疏本为主，而此书阙三十二卷至三十七卷，所阙者恰为大功章"适妇"以下之丧服部分，则以张敦仁本补之。有夹行小字按语云："自此以下，单疏皆阙，从阳城张氏敦仁刊本录疏。"刻本《丧服郑氏学》所录贾疏皆当以单疏本与张氏本为主。虽校出许多讹字，并未敢改正文，仅以夹行小字注出。正因此例，笔者见所录贾疏偶有不合于单疏本与张氏本者，知其当为钞录之误，而为正之，出校注。如卷一斩衰章"丧服小记妇人不为主而杖者唯着此一条明其余不为主者皆杖"二十七字，及"适子则卢于其北显处为之以其适子当应接吊宾故不于隐者若然"二十七字，原书皆脱，盖皆为不慎脱漏所致。②

于时人论著，闻远亦细细校其版本。如书中录郑珍《仪礼私笺》颇多，而所用版本初为南菁书院所刻皇清经解续编本。然闻远一日致书叔彦云：

> 郑子尹《礼经私笺》，南菁书院刻本甚不佳，如从母昆弟条脱去下半，夫之姑姊妹之长殇条脱去上半，承接处文谊不通亦不顾，不识兄处有此书原刻本否？③

今检南菁书院此书刻本，果有其误。后闻远得此书原刻本，即同治五年遵义唐氏成都刻本录入，遂无此误。

三、存　秘　逸

闻远称《仪礼正义》之存秘逸云：

---

① 张锡恭，《茹荼轩续集》卷三，附于点校本《丧服郑氏学》之页1114。
② 笔者所购求恕斋刊本《丧服郑氏学》原为川上静先生所藏，先生读书甚细，于与疏不合处，已用朱笔标出，故得以知之。
③ 王欣夫编，《复礼堂友朋书牍》。

　　吴东壁《仪礼疑义》据爱日藏书志,①仅有钞本。江震苍《读仪礼私记》,据先生《研六室文钞》,亦仅有稿本。此书录其说甚详。朱虞钦《乡大夫辨》见所著《经义》中,近岁张孟彪师始为梓行之,先生时犹未梓也。朱氏所著《经说》,今犹未梓,时时见于此书,其他所采录,多有书目不甚显者,并有姓字不甚彰者,则遗说之藉以流传不少矣。

　　文中所言吴廷华《仪礼疑义》,至今尚未刊刻,钞本藏于北京大学图书馆,闻远应未曾见,而《丧服郑氏学》中引吴氏著《仪礼章句》19处。江筠《读仪礼私记》,今有钞本藏于南京图书馆,《丧服郑氏学》中录其书四处,多不见于南京图书馆之钞本,而皆见于《仪礼正义》,当为转录,而南图所藏者,应非《研六室文钞》所言之稿本。至于朱大韶②之《实事求是斋经义》,闻远之师张文虎曾谋刊刻未果,此文为光绪十二年九月所作南菁书院课艺,评语出自王葵园之手,当时闻远仍言未梓,而两年后,光绪十四年,葵园主持南菁书院本皇清经解续编,即收入《实事求是斋经义》,闻远或亦有力焉。《丧服郑氏学》中未直接录入朱氏之条目,然按语中曾引用一次。

　　此处未提及者,尚有吴江张履。张履作《仪礼丧服文足征记辨误》,驳程瑶田《仪礼丧服文足征记》之非,可惜书未刊刻,而《仪礼正义》中引之甚多,闻远或从胡氏书中见之。又,张履与顾广誉交好,据日记,闻远校顾氏《四礼权疑》时,亦由之而知张渊甫之学(详见下)。撰《丧服郑氏学》时,闻远曾致函曹叔彦云:

　　　　吴江有张渊甫先生,有《丧服文足征记驳》,胡氏《正义》节取三条,皆甚精当,未识兄曾见其全篇否? 渊甫先生文集名《积石山房稿》,不知其文集中载有此篇否? 现在可访求否? 统希示知。

---

① 此指张金吾之《爱日精庐藏书志》。手稿作"陆爱日藏书志",《茹荼轩文集》作"陆日藏书志",《清儒学案》作"爱日精庐藏书志"。

② 明代有一藏书家朱大韶,字象元,华亭人。清代有一朱大韶,字仲钧,娄县人,著《实事求是斋经义》。华亭、娄县皆属松江,故二人甚易混。

其后又一函云："又有《驳丧服文足征记》，缓日诣尊处细读，当必有获益处也。"①玩此函语气，似叔彦曾回函，家有张履驳《丧服文足征记》之书，而此书无刊本，所指或《积石文稿》数篇驳程瑶田丧服之说者。而于《茹荼轩日记》中，此前闻远曾言及张渊甫书札，或此前曾见，而于小昆山已不见其书，复请叔彦觅之。今见《丧服郑氏学》中，录张履《积石文稿》二条，转引自胡培翚《仪礼正义》者三条，驳程瑶田之说甚精当。

闻远存秘逸之最著者，则为顾广誉之《四礼榷疑》。《自书覆校〈丧服郑氏学〉刊本后》云：

> 小功章君母之父母节已录顾氏广誉说，而于记中重录之，非小误也。

此条并见于卷十三成人小功章与卷十五记，故有此说。② 所引文出自平湖顾广誉所著《四礼榷疑》，光绪十四年吴县朱记荣《槐庐丛书》

---

① 均见于《复礼堂友朋书牍》，钞本藏复旦大学图书馆。
② 《丧服郑氏学》点校本此二处标点有异，失核之甚，亦非小误。今正之如下：

> 外无二统之说出于汉儒，当主適母之不一其党言，不当以己母与適母之党言。何则？《服问》："传曰：母出，则为继母之党服。母死，则为其母之党服。为其母之党服，则不为继母之党服。"注："虽外亲亦无二统。"《通典》引《郑志》答赵商外氏不可二之问："母党无亲，亦不服继母党。"郑之意可知也。若《丧服记》，"庶子为后者为其外祖父母、从母、舅无服，不为后如邦人"，明庶子非为后得申母党服。此与《丧服》"君母之父母"、"从母"并行不悖，疏以为兼服是矣。而仍存马氏君母不在乃可申之谊，姑以备一解耳。按贺循、徐邈问答皆谓古庶子服所生之党，故適母为徒从，適母亡则不服其党，详其意，亦以古者生母党適母党兼服，非贾之臆说也。马氏则谓自降外祖服缌麻，外无二统者，君母亡，无所复厌，自得申其外祖小功。夫《丧服记》所云，专以为后言，而《丧服》所云，不专以为后言。如马氏降服缌麻之说，则是不为后亦有不得如邦人者矣。按，服己母党，《礼》所谓属从，服適母党，《礼》所谓徒从，谊各有施，非二统之谓。惟適子众子服母党之服，又服继母党之服，庶子服先適母之党，又服后適母之党，乃谓之二统。马、郑之言外无二统同，而所指异，不可不辨。且降服无据，母无厌子。凌氏曙乃是马而非贾，失之。

刻本。朱氏于序中言及此书刻印缘起,云《四礼权疑》即得自闻远,并录闻远之书云:

> 顾氏之于礼学,盖敦践履而不废考据者也。其于冠、昏、丧、祭,必本之于《礼经》,而推之于《通礼》,贯串乎历代之沿革,以著其变礼之渐,而又准乎伦常之理,以定其折衷,使知是礼之当然,而不容以不然。考诸古而不泥于古,便于时而不徇于时,笃于践履者固当守之勿失已。而于衰裳之制、拜跪之节,考据亦极其精焉。近世说礼之家,多详于名物而略于义蕴,求如桐城方氏之《丧礼或问》,已不可多得,顾氏非礼勿动与方氏同符,故其推阐礼意,亦与方氏继起,而考据之核,殆又过之,可不谓礼学之盛业哉!是书向无刻本,顾氏尝请序于乡贤姚樗寮先生,通艺阁藏书有是本,因得传钞,闻君喜刻有用书,盍谋之梓?①

此书道出《四礼权疑》辗转刊刻之迹,于中可见闻远刊刻前贤文稿之一端。顾广誉(1799-1866),平湖人,慕乡贤张杨园、陆清献之学行,兼通汉宋之学,尤长于诗、礼。家境贫寒,绝意仕进,后为李鸿章聘为龙门书院首任山长,上任三月即卒。② 著有《学诗详说》三十卷、《学诗正诂》五卷、《四礼权疑》八卷、《乡党图考补正》四卷、《悔过斋文稿》七卷、《续文稿》七卷等书,生前皆未能刊刻。卒后,其弟子为筹资刊刻遗著,于光绪三年成《平湖顾氏遗书》,收入《学诗详说》《学诗正诂》《悔过斋文集》《札记》《悔过斋续集》等五种,其余著作则未闻有刊者。③《四礼权疑》为顾氏研习冠、昏、丧、祭四礼之作,颇为精核,惜乎未能收入。

顾氏与娄县姚椿交好,姚椿长顾氏二十余岁,《松江府续志》云,顾氏师事姚氏。④ 顾氏《悔过斋文集》卷二、姚椿《樗寮文续集》卷一,有二人互致书信,顾氏确有师事姚椿之意,因而顾氏为《四礼权疑》求序

---

① 朱记荣,《四礼权疑》序,光绪十四年朱氏槐庐丛书刻本。
② 《清史稿·文苑传》三。
③ 见马承昭,《顾征君访溪先生家传》,《学诗详说》书前,光绪三年《平湖顾氏遗书》版。
④ 《松江府续志》卷二十七寓贤传。

于姚椿,于理甚为自然,姚氏为作跋文一篇,附于书前,题为道光己酉
(1825)。其书遂藏于姚氏通艺阁中。闻远之父夬斋先生亦师事姚椿,
《张伊卿行述》中言,夬斋多借姚先生之书,则其时或见此书,甚或钞录
一部,亦未可知。夬斋卒于光绪十五年,此书刊于光绪十四年,则闻远
荐其书于朱氏,其父必尚在,闻远因其父见此书而喜之,故荐于朱氏刊
刻。朱记荣为吴县人,性喜书籍,以买书、刻书为业,长期侨居松江之秀
野,正是张氏家宅所在处,故闻远与之应亦多有往来,故闻远荐书于朱
氏,遂纳入朱氏《槐庐丛书》中。闻远所著《茹荼轩日记》中,于光绪十
三年六月八日云校《四礼榷疑》四页,其后不时记录校订此书,至七月
十九日云"校《四礼榷疑》毕"。自光绪十四年正月五日起,又记校阅顾
氏《四礼榷疑》十页,此后隔几日即阅此书,每日数页,至七月十六日,
则云:"接朱槐卿书,属校《四礼榷疑》。"此后二日,舟行赴京应试,十八
日于舟中校一卷,十九日校三卷,二十日至苏州访曹叔彦,廿一、廿二、
廿三于舟中各校一卷。此书共八卷,闻远至少校订两过,当于是年即梓
行。故闻远于顾氏之书极熟稔,著《丧服郑氏学》时,遂引其说。

四、除 门 户

此书题为《丧服郑氏学》,顾名思义,必以郑学为宗,所录诸家之说,
应折中于郑学,故《丧服郑氏学》正文所引条目,皆为合于郑学者,间或
有一二语不合,则必于按语纠之。惟有按语之中,方论及不合郑学之说。
贾疏虽为疏郑学而作,却仍有不合于郑学或所解有误者,此时闻远或借
他人辩驳,或亲下按语,必澄清而后已。郑学,可谓闻远之家法矣。

然闻远之学却并非乾嘉汉学一路。其早年学问,因其父宗桐城派
之姚椿,受程朱理学影响极深,故于朱子亦礼敬颇严。《张伊卿行述》
中言,其父虽喜读惠定宇之书,而不喜其辟朱之文。于《茹荼轩日记》
中可知,闻远平日读书课徒,亦一宗朱子。故闻远于方苞、夏炘等宋学
者之丧服学相当看重,而夏炘曾与黄先生之父薇香先生致书论学,颇责
其以汉学之法解《论语》。

可知,郑氏之汉学、程朱之理学、南菁之学统,皆为闻远学术渊源所
在,而闻远终能汉宋兼采、超越门户,书中处处可见。请一一言之。

清人礼学之宗郑学,已为人所熟知。黄元同、孙仲容二先生皆宗郑
学,而《礼书通故》《周礼正义》二书皆多有不从郑说之处。曹叔彦、张

闻远为元同弟子,其宗郑之风又过于乃师。叔彦作《子郑子非马融弟子考》、[1]闻远作《礼乐皆东赋》,[2]皆主郑君非马融弟子。《丧服郑氏学》中维护郑说甚力,凡有争议处必从郑说,无一例外。佞郑之讥,似无可免。然检诸闻远之文,实亦并非盲目尊郑。如其光绪二十年课艺《妢胡之筈解》,在作《礼乐皆东赋》前不久,即云:

> 礼学固当宗郑君,然求之于心而不安,稽之于经而不合,亦不敢为郑君佞臣。

此当为闻远治礼学之原则。而于《丧服郑氏学》中,虽处处宗尚郑君,皆言之有故、论之成理,绝无因门户之见而盲目佞郑者。[3]闻远之于郑氏丧服学,所从者为其言丧服之礼意体系,而非仅其经注条目,故《丧服郑氏学》全书之作在解郑氏丧服学礼意。此书之要,不在服制细碎处,而在丧服学礼意全体。亲亲之杀、尊贤之等、正尊降服之制、报服厌降之节,全书虽极为碎屑曲折,而首尾同条共贯,若合符节,毫无自相矛盾之处,闻远最得郑学精要,足可称清人丧服学之巅峰。曹叔彦言此书可与郑注贾疏并重,端在于此。而郑氏经学,本在以《周礼》统摄三礼,以三礼统摄群经,此一框架,清之郑学者多不从,闻远亦不从之。至如王肃、敖继公、程瑶田,皆与郑学立异者,闻远虽斥其谬误,而于其所言是者,皆录入书中,正为其本无门户之见也。

闻远礼学尊郑氏,而修身一尊程朱。然于丧服之学,朱子及其门派所治虽极成规模,其说却多有与郑君不合处,而李如圭、黄榦、杨复又往往将朱子之言演成大谬,宋明之后,反成定说。故于程朱之说如何去取,于闻远成一大问题。曹叔彦记于南菁书院初识闻远时论朱子诗学,闻远即云:"以朱子不遵《诗序》为千虑一失可也,以为有意见存乎其间,则以常人之心诬大贤矣。"[4]此为闻远之基本态度,即具体经学问题与礼敬之情两不相涉,既不因礼敬朱子而苟从其说,亦不因驳斥其说而轻慢前贤。

---

①　收入《复礼堂文集》,卷七。
②　光绪二十年五月古学课艺,稿本藏于笔者处。
③　邓声国,《清代五服文献概论》,北京:北京大学出版社,2005年,页100-105。
④　曹元弼,《纯儒张闻远征君传》,见《茹荼轩续集》。

如论为人后之服,朱子曾有名言:

> 今设有为人后者于此,一日所后之父与所生之父并坐,而其子侍侧,称所后父曰父,称所生父又曰父,自是道理不可。

以此证不可称所生父为父,前与宋濮议之小程子说,后与明大礼议之杨廷和说相合。为人后之服所关甚大,尤其于宋、明礼议之后,在光绪、宣统二帝入继大统之时。清人华学泉、毛奇龄、程瑶田、段玉裁、胡培翚等皆曾力辨此一问题,并未全然否定朱子之说,而叔彦与闻远皆以朱子之说为非,认为所生父应当称父,因经明云"其父母"。再如丧服辟领之制,朱子云:

> 详此辟领,是有辟积之义。虽广四寸,须用布阔四寸、长八寸者,折其两头,令就中相接,即方四寸,而缀定上邊于领之旁,以所折向里,平面向外,如今裙之有折,即所谓辟积也,温公所谓裳每幅作三䙆者是也。如此,即是一旁用八寸,两旁共尺六寸矣。

其后李如圭、杨复皆发挥其说,几成定论。而朱子此误不仅于解辟领为谬,且丧服形制、用布尺寸具因之而误。清人夏炘已力辨其非,闻远则专作《释辟领》一文以驳正,申郑注贾疏之说。

非止朱子,于顾亭林、沈彤、郑珍、曹叔彦等,闻远皆持此态度;甚至黄元同本人,亦如此观。黄先生《礼书通故》第九为《丧服通故》,向为论者称道。闻远从其师说者不少,而与之不同者亦比比皆是。惟因师弟名分,为尊者讳,闻远不同于元同之处,惟不引其说,而不会显驳其论。如前述辟领之说,黄先生亦不同于朱子以来之说,而云:"辟领者,别用布著迭之,以固其领也。"闻远则云:

> 按,"辟"读为禆,……引申为补也,辅也,谓此適者,所以接夫中衣之领而辅之者也。此辟领之名谊也。

此说实由元同之说演变而来,却不同师说,故闻远不引其师。[①]

---

① 关于辟领之辨析,参考吴飞,《说辟领》,《中国经学》,第十三辑,页 161-174。

于清人丧服学者中,如沈彤、凌廷堪、胡培翚、郑珍、曹叔彦诸人,闻远皆有所取,亦有批评。尤可注意者为程瑶田。程氏之学卓然成家,其《仪礼丧服文足征记》一书,为清世影响最巨之丧服学著作,亦为争议最大之书,程氏,可谓继王肃、敖继公之后,攻击郑学之最力者,张履、胡培翚、郑珍、曹叔彦等皆批评甚多。于高祖玄孙之服、中下殇之服等处,闻远批驳程氏亦甚力,然亦录程氏之说 13 条,颇予许可。

五、结　语

以上为闻远先生《丧服郑氏学》文献之概况。文献研究非笔者所长,然因点校的原因,熟读《丧服郑氏学》数过,且精校其所录条目出处,由之对清代丧服学状况有了更多了解,并对先生收录之取舍有所掌握。文献之取舍,实由著书之安排而来,著书之安排,则往往由义理决定。闻远先生借助历代丧服学之辨析,而形成对郑氏学之总体理解,再据此一总体理解取舍文献。其义理隐藏于细碎的条目辨析之中,却同条共贯,丝毫不紊。由闻远先生文献之选取,我们亦可窥见其丧服学义理体系之大致轮廓。

胡培翚《仪礼正义》探论

潘　斌*

（西南财经大学人文学院）

摘　要： 胡培翚撰《仪礼正义》，受徽州文化影响甚深，也与他对《仪礼》文本的认知有关。该书于《仪礼》句读之划分，多以张尔岐《仪礼郑注句读》为据，而时有更易。其于《仪礼》十七篇的每一篇皆先列篇题，再录郑玄《三礼目录》的内容，接着征引历代学人之解义以疏解郑说，另以"补注"、"申注"、"附注"和"订注"以疏郑玄《仪礼注》。《仪礼正义》于《仪礼》经文所作之校勘，所选《仪礼》经、注的底本和参校本颇为精到，于《仪礼》所记名物制度所作的考证极为详备。该书为中国古典《仪礼》学的巅峰之作，也是清代新疏的代表作之一。

关键词： 胡培翚　仪礼　《仪礼正义》

胡培翚（1782-1849），字载屏，一字竹村，号紫蒙，清代安徽绩溪（今安徽绩溪县）人。嘉庆十五年（1810）举于乡，二十四年（1819）成进士，殿试二甲，授内阁中书，充实录馆详校官。书成，擢户部广东司主事，后改云南司主事。道光八年（1828）充捐纳房差，揭露前任假照流弊。道光十年（1830）吏部追查审稿假照案，培翚又附和乞情者奏请免议，同被降二级调用。十三年（1833）后以亲老而不复出。历主钟山、惜阴、云间、娄东、庐州、泾川诸书院凡十余年，后得疾归里，卒于家。所著除《仪礼正义》外，还有《燕寝考》《禘袷问答》《研六室文钞》等（传见《清史列传》卷六九、《清史稿》卷四八二）。胡培翚是清代《仪礼》学大家，他所撰《仪礼正义》四十卷，是其四十

---

* 作者简介：潘斌（1979-　　），男，四川通江人，西南财经大学人文学院副教授、硕士生导师，主要从事中国儒学、"三礼"学研究。

余年呕心沥血之作。① 本文通过爬疏《仪礼正义》,并结合相关资料,对《仪礼正义》的撰作缘由、内容及学术价值加以探讨。

一、《仪礼正义》的撰作缘由及体例

胡培翚《仪礼正义》的撰作缘由,可从以下三个方面来看:

第一,胡培翚撰《仪礼正义》,受徽州文化的影响甚深。

胡培翚能在《仪礼》学方面取得丰硕的成就,与其家乡徽州的文化有密切的关联。徽州古称歙州、新安,是程、朱的祖籍或故乡,是宋明理学的发祥地,有着十分深厚的历史文化积淀。自南宋以来,徽州籍的经学家、诗人、忠臣、良相辈出,程朱理学、徽州朴学、徽州戏曲、徽州画派、徽州篆刻、徽州建筑皆闻名遐迩,是中国最有名的地域文化之一。清初以来,徽州朴学格外引人注目,徽州籍的姚际恒、江永、戴震、程瑶田、金

---

① 关于《仪礼正义》之成书,胡培翚侄子胡肇智云:

> 道光乙巳,智奉讳南归,见《丧服经传》《士丧礼》《既夕礼》《士虞礼》四篇已成。《特牲馈食礼》《少牢馈食礼》《有司彻》诸篇草稿粗具,其余各篇皆经考订,尚未排比。先叔父初意专解《丧服》,故从丧祭诸礼起手也。是年四月患风痹,犹力疾从事,左手作书。以族姪肇昕留心经学,命助校写。己酉夏,尝寄智书曰:"假我数月,全书可成。"讵意背疽复发,遽于七月弃世。尚有《士昏礼》《乡饮酒礼》《乡射礼》《燕礼》《大射仪》五篇未卒业。江宁杨明经大堉,昔从先叔父学礼,因为补缀成篇。书中有"堉案"及"肇昕云"者,即二君之说,余皆先叔父原稿。(胡肇智,《〈仪礼正义〉后跋》,见张文、徐到稳、殷婴宁点校,《仪礼正义》卷尾,北京大学出版社,2016 年,页 1782)

《清儒学案》云:

> (胡培翚)尝病《仪礼》贾《疏》多舛,乃有重疏之志。……书中惟《士昏礼》《乡饮酒礼》《乡射礼》《燕礼》《大射仪》五篇未卒业,弟子杨大堉续成之。(徐世昌编纂,舒大刚、杨世文等校点,《清儒学案》卷九十四,北京:人民出版社,2010 年,页 2556)

由此可知,胡培翚生前,《仪礼正义》尚有五篇未成,胡培翚去世以后,胡肇昕、杨大堉在胡培翚原稿基础上补缀成篇。

榜、胡匡衷、胡秉虔、凌廷堪、胡承珙等都是声名赫赫的经学大家。

朱子的祖籍是徽州府婺源县，朱子所撰《仪礼经传通解》是礼学史上划时代的重要著作。受朱子重礼学风的影响，清代徽州经学家亦特别重视礼学。刘师培指出，清代徽州学人于礼学皆多有研究，他说：

> 如江永作《礼经纲目》《周礼疑义举要》《礼记训义择言》《释官补》，戴震作《考工记图》，而金、胡、程、凌于《礼经》咸有著述，此徽州学者通"三礼"之证也。①

今人洪湛侯亦说：

> 徽派朴学作为乾嘉时期学术上的一个重要学派，本质上属于经学学派。其对《诗经》、"三礼"及《论语》和《孟子》诸经皆有撰述，于《诗经》、"三礼"两门造诣尤深。②

钱穆追溯徽州学人礼学之渊源曰："盖徽歙乃朱子故里，流风未歇，学者固多守朱子圭臬也。"③又曰："徽学原于述朱而为格物，其精在'三礼'。"④

胡培翚出生并长期生活在徽州这片土地上，受徽州文化的影响至为深远，"培翚治学，……于徽派朴学渊源最深"。⑤ 徽州学人于礼学的研究，也为胡培翚的《仪礼》研究提供了深厚的文化土壤。正如有的学人所说：

> 徽州人守朱子《家礼》，宗法结构十分严密，因此徽儒治学重点之一即在"三礼"，当时的学者如姚际恒、蔡廷治、江永、戴震、金榜、程瑶田、胡清熙、胡匡衷、胡秉虔、凌廷堪、胡承珙等，都留下了

---

① 刘师培，《南北学派不同论·南北考证学不同论》，《国粹学报》第一年乙巳第七号《学篇》。
② 洪湛侯，《徽派朴学》，合肥：安徽人民出版社，2005 年，页 161。
③ 钱穆，《中国近三百年学术史》，北京：商务印书馆，1997 年，页 340。
④ 钱穆，《中国近三百年学术史》，前揭，页 357。
⑤ 洪湛侯，《徽派朴学》，前揭，页 242。

礼学研究著作。特别是徽派朴学的奠基者——江永,留下了六部礼学研究著作。……胡培翚生活在徽州这样的环境中,于礼学研究当有得天独厚的条件,他自觉地接受徽州文化的浸染,专攻《仪礼》,取得了辉煌的成就。①

胡培翚受徽州文化影响最直接的体现,是其《仪礼》学与其家学和凌廷堪的密切联系。培翚的始祖可推至唐代的胡宓,胡宓的七世孙胡舜陟官封金光紫禄大夫,此支胡氏遂称"金紫胡氏"。培翚的先人多治经学,为世所称道。培翚曾梳理家学渊源曰:

> 吾胡氏,自宋诚甫公,邃于六经、三史,游太学,为诸生领袖。厥后三山公、苕溪公继之,理学、词章,为世宗仰。②

此所谓"诚甫公"即胡宓,"三山公"即胡舜陟,"苕溪公"即胡仔。此三人或邃于经史,或长于词章。比如胡舜陟为北宋大观三年(1109)进士,历官监察御史、御史、集英殿修撰,著有《奏议文集》《论语义》《咏古诗》等。培翚的祖父胡匡衷笃学好古,治学严谨,不苟与先人同异。著述除《仪礼释官》而外,尚有《三礼札记》《周礼井田图考》《井田出赋考》《畿内授田考》《郑氏仪礼目录校证》《礼记官职考》《侯国官职考》等礼学专著。其所撰《仪礼释官》详考《仪礼》各篇所见诸侯之官,并分列为六大类,据郑《注》和贾《疏》,参以它经,次第解释,考证精详,用心良苦。培翚的叔祖胡匡宪、叔父胡秉虔皆刻志励学、兼通诸经。受家学的影响,培翚决意以重疏《仪礼》为己任。他在三十三岁那年云:"今夏,因校先祖《仪礼释官》,取《仪礼》全经覆读之,而贾氏之疏疏略、失经注意者,视《诗》孔疏更甚焉,遂有重疏《仪礼》之志。"③由此可见,培翚在校《仪礼释官》时,已立下了重疏《仪礼》之志。

---

① 陈功文,《胡培翚〈仪礼正义〉研究》,扬州大学 2011 年博士学位论文,页 29。
② 胡培翚,《赠奉直大夫叔祖绳轩公行状》,见黄智明点校、蒋秋华校订,《胡培翚集》卷九,台北:"中央研究院"中国文哲研究所,2005 年,页 276。
③ 胡培翚,《复夏朗斋先生书》,见黄智明点校、蒋秋华校订,《胡培翚集》卷四,前揭,页 116。

胡培翚撰《仪礼正义》还受其师凌廷堪的影响。歙县人凌廷堪精于礼学,被奉为"一代礼宗"。其所撰《礼经释例》在《仪礼》之例的探讨方面有集大成意义,是乾嘉时期《仪礼》研究方面最具代表性的作品。培翚于嘉庆十二年(1807)受学于凌廷堪。凌氏当时主讲城南紫阳书院。

> 自开课以后,始则大哗,继则信疑各半焉。而先生教思之诚,终不稍懈。尝语及门胡进士培翚曰:"仆既抗颜居此席,当思有益于后进,岂忍曲学阿世,取悦流俗,以误英俊之士乎?"①

培翚师从凌氏两载,获益颇多。培翚校《仪礼释官》时立下重疏《仪礼》之志,然信心并不足,坚固其志向的则是凌廷堪。培翚曰:

> 然此事甚大,非浅学所能任,而以昔日耇闻于先祖,及丁卯、戊辰间从次仲师游,窃窥涂径,又有未敢自逮者。伏惟先生教之,俾知从事,幸甚!②

在《仪礼正义》中,培翚征引凌氏之说随处可见,胡氏受凌氏之影响由此亦可得见。

对胡培翚《仪礼》学产生影响的并非仅是以上所列诸家。培翚交游甚广,如嘉庆二十四年(1819),培翚恩科会试,王引之是培翚的座师,此后胡培胡便以师礼事之。在《仪礼正义》中,培翚广泛征引王引之的《经义述闻》,可见王氏对胡氏影响之深。此外,培翚还与胡承珙、金鹗、郝懿行、陈奂等人有交谊。培翚既有深厚的家学渊源,又有一心向学之志,加之其勤于与同时代学人的砥砺切磋,所以他为《仪礼》作新疏可谓水到渠成了。梁启超说:

> 竹村为胡朴斋(匡衷)之孙。朴斋著有《仪礼释官》,甚精洽,

---

① 张其锦编辑,《凌次仲先生年谱》,见《凌廷堪全集》第4册,合肥:黄山书社,2009年,页366。
② 胡培翚,《复夏朗斋先生书》,见黄智明点校、蒋秋华校订,《胡培翚集》卷四,前揭,页116。

故《仪礼》实其家学。竹村又受业凌次仲,尽传其礼学,所以著《仪礼》新疏的资格,他总算最适当了。①

梁氏此说看到了胡氏为《仪礼》作新疏的必然性。

第二,胡培翚撰《仪礼正义》,与他对《仪礼》文本的认知有关。胡培翚认为,《仪礼》经文"非周公莫能作",②他又说:

> 《礼记·明堂位》曰"周公摄政六年,制礼作乐",故崔氏灵恩、陆氏德明、孔氏颖达及贾氏皆云《仪礼》周公所作。韩氏愈云"文王、周公之法制粗在于是",盖亦以为周公作也。孔子、孟子所云"学《礼》",即谓此书。(《仪礼正义》卷一,页3)

胡氏还认为《仪礼》经文的内容能体现圣人之意:

> "三礼"惟《仪礼》最古,亦惟《仪礼》最醇矣。(《仪礼正义》卷一,页4)

在胡培翚看来,《仪礼》虽然出自周公,但是在流传的过程中出现了很多问题。他说:

> 《仪礼》一经,自汉注、唐疏外,解者甚希。自宋王安石废罢,不立学官,而习者益希。沿及明季,版本传梓,讹文脱字,往往而是。③

> 是经由唐迄明,其颠倒错乱于冥心空腹者之手,视他经尤酷也。④

---

① 梁启超,《中国近三百年学术史》,上海:上海三联书店,2006年,页182。
② 胡培翚、胡肇昕著,张文、徐到稳、殷婴宁点校,《仪礼正义》卷一,页4。以下征引此书皆随文夹住页码。
③ 胡培翚,《〈仪礼经注校本〉书后》,见黄智明点校、蒋秋华校订,《胡培翚集》卷七,前揭,页201。
④ 同上,页204。

在胡氏看来,以前从事《仪礼》之诠释者并不多,此外,由于北宋王安石变法废罢《仪礼》,不立学官,以至于研习《仪礼》者更少;由于《仪礼》受到的关注不够,故在流传时讹文脱字、颠倒错乱现象严重,以至于圣人之意难显、礼教晦而不彰。培翚认为,为《仪礼》作新疏可为解决这一现实问题提供帮助。他说:

> 念《仪礼》实为周公所作,有残阙而无伪托,其中冠、昏、丧、祭,切于民用,进退揖让,昭明礼意,若乡邑中得一二讲习之士,使众略知礼让之风,即可消兵刑于未萌。此翚所以急欲成书也。①

胡氏认为,《仪礼》新疏之撰作有益教化,对于社会风气的醇化有积极意义。

第三,胡培翚撰《仪礼正义》,与他的学术经历有关。

胡培翚治《仪礼》,以《丧服》为切入点,"初意专解《丧服》"。培翚在完成《丧服》新疏之后,并不打算立即疏解《仪礼》全经,而是转治《毛诗》。不过在治《毛诗》的过程中,培翚生发回归治《仪礼》之念。胡氏在《复夏朗斋先生书》中说:

> 前岁专力《毛诗》,以孔《疏》较他经特详,然失之繁冗,且有毛、郑大指本自不异,而《疏》强生分别者;有申《传》申《笺》,而不得其意者,读之颇多不安于心。比入都来,见为《毛诗》学者,尚不乏人,独"三礼"之书,讲求者少。②

嘉庆十六年(1811),培翚赴京师游学,在京城期间,他与胡承珙、陈奂等人皆有交往。胡承珙、陈奂皆是治《毛诗》的大家。胡承珙的《毛诗后笺》和徐奂的《毛诗传疏》《毛诗说》皆为《诗》学方面的精到之作。从以上所引培翚之言,可知其在京师期间看到治《毛诗》者人众,且水平很高,遂又生治《仪礼》之念。

---

① 胡培翚,《上罗椒生学使书》,见黄智明点校、蒋秋华校订,《胡培翚集》卷五,前揭,页168。
② 胡培翚,《复夏朗斋先生书》,见黄智明点校、蒋秋华校订,《胡培翚集》卷四,前揭,页116。

日本学者山本正一所撰《陈硕甫年谱》的"嘉庆二十四年已卯三十四岁"下的按语云：

> 此年胡培翚入都应省试（成进士）。胡氏初治《诗》疏，病其粗陋，欲改订之，专攻《毛诗》。此时京中治此经者颇不乏人，遂改初志而专攻《仪礼》。在当时训诂学的全盛时期，被认定为最古最精的《毛传》，是多数学者必然研究的对象。此年在公祭郑君的诸人中，如果没有胡承珙、朱琦、徐璈及陈先生这样的治《诗》专家，胡氏可能未必改学。①

山本据胡氏《复夏朗斋先生书》，认为培翚是在京城游学期间由治《毛诗》而转攻《仪礼》的。山本还推测，若不是在京师看到胡承珙、徐璈等人的《毛诗》学成就，培翚未必改学。山本此之表述虽不尽严谨，然而他对培翚治经转变的推测，是符合胡氏学术经历的。②

胡培翚《仪礼正义》的体例可从以下几个方面来看：

第一，胡培翚《仪礼正义》于《仪礼》句读之划分，多以张尔岐《仪礼郑注句读》为据，而时有更易。培翚曰：

> 旧本经不分章，朱子作《经传通解》，始分节以便读者。至张尔岐《句读》本，分析尤详。此书分节多依张本，而亦时有更易云。（《仪礼正义》卷一，页5）

据今人研究，《仪礼正义》"更易"情况主要表现在四个方面：一是对《仪礼郑注句读》未分节的部分加以分节，并概括节义；二是即使两书的分节一样，对节义的概括有时也不一样；三是将《仪礼郑注句读》中的一节拆分成几节；四是将《仪礼郑注句读》中的几节合并

---

① （日）山本正一，《陈硕甫年谱》，李寅生译，林庆彰、杨晋龙主编，陈淑谊编辑，《陈奂研究论集》，台北："中央研究院"文哲所筹备处，2000年，页130。

② 陈功文认为，山本此之按语中存在两处瑕疵：一是山本忽视了胡氏有"重疏《仪礼》之志"，不仅仅是因为与陈奂等人的交往所致，他校先祖《仪礼释官》时发现《仪礼疏》失经义者较孔氏《毛诗疏》更甚；二是山本将胡氏改志重疏《仪礼》后移至嘉庆二十四年(1819)公祭郑玄时，也与史实不合。见陈功文，《胡培翚〈仪礼正义〉研究》，前揭，页46-47。

为一节。①

　　第二，胡培翚于《仪礼》十七篇的每一篇皆先列篇题，再录郑玄《三礼目录》的内容，接着征引历代学人之解义以疏解郑说。在正文部分，先录《仪礼》经文，再全录郑玄于该段经文之解义。接着以"疏"字起头，征引众家之说以释经文和郑《注》。在"疏"的部分，培翚往往先对不同版本如毛本、严本、徐本、石经本的文字加以辨析，再征引陆德明、张淳、李如圭、阮元、卢文弨的校语，并对这些校语作比较分析。在校勘之后，胡氏才疏郑玄《注》。在征引各家解义后，胡氏或不下按语，或下按语。其所下按语或按而有断，或按而不断。

　　第三，胡培翚以"补注"、"申注"、"附注"和"订注"以疏郑玄《仪礼注》。何谓"补注"？培翚曰：

　　　　郑君康成生于汉世，去古未远，其视经文，多有谓无须注解而明者。然至今日，非注不明，故于经之无注者，一一疏之，疏经即以补注也。②

　　何谓"申注"？培翚曰："郑君之注，通贯全经，囊括众典，文辞简奥，必疏通而证明之，其义乃显。"③何谓"附注"？培翚曰：

　　　　昔人谓读经凭注，读注凭疏，是故疏以申注，乃疏家之正则也。然六朝、唐人之作疏，往往株守注义，不参众说，故有"宁道周、孔误，莫道郑、服非"之谣。又孔冲远作《五经正义》，于《礼》则是郑而非杜，于《左传》则又是杜而非郑。今人靡所适从，此岂非疏家之过乎？今惟求之于经，是非得失，一以经为断，勿拘"疏不破注"之例，凡注后各家及近儒之说，虽与注异，而可并存者，则附录之，以待后人之参考，谓之附注。④

---

①　陈功文，《胡培翚〈仪礼正义〉研究》，前揭，页207。
②　胡培翚，《上罗椒生学使书》，见黄智明点校、蒋秋华校订，《胡培翚集》卷五，前揭，页165。
③　同上，页165-166。
④　同上，页166。

何谓"订注"？培翚曰："其注义有未尽确者，则或采他说，或下己意以辨正之，必求其是而后已，谓之订注。"①与贾公彦一样，胡培翚对郑玄《仪礼注》颇为重视，也特别推崇。不过与贾氏不同的是，培翚不唯郑是从，他在肯定郑玄《注》的同时，也偶持异议。

二、《仪礼正义》于《仪礼》之校勘

《仪礼》在流传的过程中，经文讹脱衍倒现象严重。正如阮元所云："《仪礼》最为难读，昔顾炎武以唐石刻九经校明监本，惟《仪礼》讹脱尤甚。"②培翚也说：

> 沿及明季，版本传梓，讹文脱字，往往而是。③

> 是经由唐迄明，其颠倒错乱于冥心空腹者之手，视他经尤酷也。④

因此，经文校勘是《仪礼》新疏的必要内容。培翚《仪礼正义》于《仪礼》经文所作之校勘及所取得的成就，可从以下两个方面来看：

第一，培翚所选《仪礼》经、注的底本和参校本颇为精到。

在文献的校勘中，底本的好坏直接关系到校勘质量的高低。此外，对文献不同版本的占有程度也关系到校勘水平的高低。培翚《仪礼正义》所选《仪礼》经文的底本是唐石经，即"经从石经"（《仪礼正义》卷一，页9），"兹撰《正义》，经文俱从唐石经"（《仪礼正义》卷一，页5）。培翚于经文底本的选择是颇有卓识的。唐石经始刻于唐文宗太和七年（833），刻成于开成二年（837），是保存最古而且比较完整的石刻儒家经典。清初以来，学者们普遍重视金石材料的搜集和整理，比如清初顾

① 胡培翚，《上罗椒生学使书》，见黄智明点校、蒋秋华校订，《胡培翚集》卷五，前揭，页166。
② 阮元，《仪礼注疏校勘记序》，《仪礼校勘记》卷首，《续修四库全书》第181册，上海：上海古籍出版社，2002年，页287。
③ 胡培翚，《〈仪礼经注校本〉书后》，见黄智明点校、蒋秋华校订，《胡培翚集》卷七，前揭，页201。
④ 同上。

炎武就十分重视金石学,他的《求古录》《金石文字记》《石经考》等著作中,皆自觉地利用金石文字以校正古籍,他所搜集利用的金石中就包括唐石经。顾氏用唐石经校《仪礼》经文,发现了唐以后《仪礼》版本中的很多错误。此后,张尔岐、严可均、阮元等人皆用唐石经校勘《仪礼》。胡培翚继承顾炎武、张尔岐、阮元等人以唐石经校勘《仪礼》的传统,在《仪礼》的校勘方面取得了令人瞩目的成就。

胡培翚《仪礼正义》所选郑玄《注》文的底本是嘉庆年间黄丕烈士礼居重刻宋严州单注本,即"注从严本"(《仪礼正义》卷一,页9),"兹撰《正义》……注文俱从严本"(《仪礼正义》卷一,页5)。嘉庆年间,藏书家黄丕烈从嘉庆状元王敬铭处访得一《仪礼》单注本,经黄丕烈、顾千里的判定,此书为宋刻《仪礼》严州单注本。该注本在嘉庆年间经黄丕烈重刻后行于世。由于宋版书无论是官刻本还是坊刻本皆非常重视校勘,所以宋刻本在内容上非常接近古本,选择宋本《仪礼》注文作为底本,是胡培翚的卓识。如《士冠礼》:"主人玄冠,朝服,缁带,素韠,即位于门东,西面。"郑玄《注》:"筮必朝服,尊蓍龟之道。缁带,黑缯带。……肩革带博二寸。"胡培翚曰:

> 注"筮必朝服,尊蓍龟之道也",毛氏汲古阁本如是,严、徐《集释》、杨氏"服"下俱有"者"字,"道"下无"也"字。又"黑缯带也",严本、《集释》俱无"也"字。"白韦韠也",严、徐、《集释》俱无"也"字。"肩革带博三寸",严本、《集释》《通解》、杨氏"三"俱作"二"。《校勘记》云:"案:作'二'与《玉藻》合。"今俱从严本。(《仪礼正义》卷一,页7)

胡氏于此以严本为据,并将严本与毛本、徐本、《通解》本、《集释》本、杨氏本作了比较,认为郑玄《注》"朝服"下无"者"字,"道""带""韠"字下无"也"字,"三寸"当为"二寸"。

胡培翚并不盲从底本。他说:

> 兹撰《正义》……其或石经、严本有误,则改从他本,并注明于下。(《仪礼正义》卷一,页5)

比如《士冠礼》"有篚实勺",郑玄《注》:"勺,尊斗。"此"斗"字,严本作"升"。金曰追据贾《疏》，认为此"升"当为"斗"。黄丕烈亦认为此"升"字当作"斗"。胡氏在征引金氏、黄氏之说，且曰："今从之。"（《仪礼正义》卷一，页38）又如《士冠礼》："有篚实勺、觯、角柶。"郑玄《注》："勺，尊斗，所以斟酒也。"严本作"斜"，而李如圭《集释》、魏了翁《要义》、毛本俱作"科"。胡氏从《集释》《要义》和毛本，认为"科"当作"斜"。此皆反映了胡氏实事求是的为学态度。

据今人统计，胡培翚《仪礼正义》所选参校本有涵芬楼影印徐氏仿宋《仪礼》单注本（徐氏真本），汪世钟重刻单疏本，陈凤梧篆书本，明国子监刊注疏本（监本），汲古阁毛氏刊注疏本（毛本，实为翻刻明北监本），李元阳注疏本（闽本），葛氏刊本，清国子监重修注疏本，张敦仁刊注疏本，汉石经残字（张国淦藏本），欧阳修《集古录》，谢子祥《三礼图》，张参《五经文字》，唐玄度《九经字样》，《石经考文提要》，张淳《仪礼识误》，张尔岐《仪礼监本正误》，卢文弨《仪礼注疏详校》，金曰追《仪礼经注疏正讹》，浦镗《仪礼正字》，胡承珙《仪礼古今文疏义》，阮元《仪礼注疏校勘记》，杨复《仪礼图》，魏了翁《仪礼要义》，敖继公《仪礼集说》，郑玄《仪礼目录》，臧庸《仪礼目录》，胡匡衷《仪礼目录校证》。[1] 培翚校勘《仪礼》经、注时能广泛参阅前贤时人的刻本，使其在从事《仪礼》校勘时能对不同的版本进行比较分析，从而在部分经、注的校勘上能超越前贤。

第二，胡培翚于前贤时人的校勘意见择善而从。

胡培翚对前贤时人的《仪礼》校勘情况了然于胸，他说：

> 国朝张若稷为《仪礼郑注句读》，始考正石本、监本误字。厥后若吴东壁之《仪礼疑义》、沈冠云之《仪礼小疏》、盛庸三之《仪礼集编》、戴东原之辑《仪礼集释》，皆纠正误字。而其专以校雠名篇者，则有金璞园之《正讹》，浦声之之《正字》、卢抱经之《详校》，至制府阮公《校勘记》出，益详且备。[2]

在对前贤时人的校勘意见全面掌握的基础上，培翚对《仪礼》经、

---

① 陈功文，《胡培翚〈仪礼正义〉研究》，前揭，页107-108。
② 胡培翚，《〈仪礼经注校本〉书后》，见黄智明点校、蒋秋华校订，《胡培翚集》卷七，前揭，页201。

注作了新的校勘。在诸家校勘记中,培翚最重视的是阮元的《仪礼校勘记》。培翚对阮元之校记颇为推崇,他说:

> 仪征大学士阮公撰《十三经注疏校勘记》,于《仪礼》尤详。……培翚撰《正义》,一遵其说,详载各本经注异同。(《仪礼正义》卷一,页1)

《仪礼正义》对阮元校记多有征引。不过胡氏并非"一遵其说",而是灵活地加以处理。今以培翚所校《士冠礼》为例,以窥胡氏于阮元校记的处理方式。

一是全录阮元校记。如《士冠礼》篇首有"郑玄注"三字,阮元校记云:

> 注,作"註"误。《要义》作"著"。卢文弨云:"郑氏注旧作註,通部皆然。案:疏云:言注者,注义于经下,若水之注物。作注是也。"

培翚于阮氏此之校记全部予以征引,且申之曰:"今案:唐石经及严本俱作'注',从之。"(《仪礼正义》卷一,页5)胡氏于此以唐石经和严本为据,以申阮校。

二是节取阮元校记。如《士冠礼》:"士冠礼。筮于庙门。"阮元校记云:

> "礼"下今本俱有一圈。案分段用圈,非古也。石经、徐本皆无之,施于此处,尤非所宜。盖"士冠礼"三字乃发首之句,犹言"文王之为世子也"。子赣见师乙而问焉,与《尚书》篇题不同。葛本别为一行,亦谬。

胡氏征引阮元校记曰:

> 案:分段用圈,非古也。施之此处,尤非所宜。葛本别为一行,亦谬。(《仪礼正义》卷一,页5)

通过比较,可知胡氏于此是节取阮元校记。

三是校正阮元校记。如《士冠礼》:

> 前期三日,筮宾,如求日之仪。

郑玄《注》:

> 《冠义》曰:"古者冠礼筮日、筮宾,所以敬冠事。"

阮元曰:

> "者",严、徐、钟本俱作"日",误。①

培翚曰:

> 今案:严本作"者"不误,盖作《校勘记》时未见原书,系据顾广圻校录于钟本简端者采入,故有此讹。(《仪礼正义》卷一,页20)

胡氏于此据严本,以正阮校之误。

四是补阮元未出校记者。如《士冠礼》:"主人玄冠朝服。"郑玄《注》:"筮必朝服者,尊蓍龟之道。"阮元于此未出校记。培翚曰:

> 注"筮必朝服,尊蓍龟之道也",毛氏汲古阁本如是,严、徐、《集释》、杨氏"服"下俱有"者"字,"道"下无"也"字。(《仪礼正义》卷一,页7)

胡氏以毛本、严本、徐本、《集释》和杨氏本为据,以补阮氏之校记。

以上对胡培翚于阮元校勘记的处理方式作了归纳,实际上,对于阮元之外的其他各家之校记,胡氏的处理方式亦大体如此。胡氏《仪礼正义》之要务在解经,而校勘是解经之前提,亦不得不重视。不过与阮元校记相比较,可知胡氏之校记多是因袭和辨析前人之说,而创新之处

---

① 阮元,《仪礼校勘记》卷一,《续修四库全书》第181册,前揭,页294。

不甚多。阮元的《仪礼》校本，"大约经注则以唐石经及严州单注本为主，疏则以宋单行本为主，参以《释文》《识误》诸书"。[1] 胡氏于经、注底本的选择与阮校本如出一辙，在校记方面亦多有承袭阮元校记之处，因此胡氏《仪礼》校记的影响力不及阮元校记。不过，由于胡氏能广泛参阅包括阮元校记在内的众家之说，所以培翚的校记对于后人了解清代中期以前《仪礼》的校勘情况还是有着积极意义。此外，胡氏《仪礼正义》对于包括阮元在内的诸家校记提出的异议，也可以弥补阮元等人校记之不足。尽管胡氏的异议并不一定可从，但是其为后人在从事《仪礼》经、注的校勘时提供了参考意见，也是其校记的价值所在。

三、《仪礼正义》于《仪礼》名物制度之考证

《仪礼》所记名物制度繁多，然而由于时过境迁，这些名物制度不少已不为后人所熟悉。郑玄为《仪礼》作注，往往以汉代的名物制度比况之。然而汉代以后，郑玄的解义又渐渐让人感到难解。魏晋南北朝义疏之学兴起，诸家对郑玄所释名物再诠释，以至于歧见迭出，令后人不知所措。然名物制度的考证对于深入理解《仪礼》有至关重要的意义，因此名物制度的考证可谓治《仪礼》之要务。清代考据学大兴，张尔岐、李光坡、盛世佐、秦蕙田、江永、惠栋、程瑶田、凌廷堪、胡培翚等人皆精于《仪礼》名物制度之考证，他们所作的研究，对于今人理解《仪礼》颇有参考价值。胡培翚《仪礼正义》于《仪礼》所记名物制度所作的考证，可从以下几个方面来看：

一是所征引者仅郑玄解义，然后自出解义。兹举数例以见之：

《士昏礼》："凡行事必用昏昕，受诸祢庙，辞无不腆，无辱。"培翚在征引郑玄解义之后，云：

> 昕，阳始也。昏，阴终也。受，读如受命文考之受，谓命于祢庙，然后行事也，盖据婿家言之。（《仪礼正义》卷二，页156）

此"昕""昏""受"字以及整句经文，皆是胡氏自出解义。

《士丧礼》"复者一人"，培翚在征引郑玄解义之后，云：

---

[1]　阮元，《仪礼注疏校勘记序》，《续修四库全书》第181册，前揭，页287。

　　复者,人子不忍死其亲,冀精气之反而重生,故云"复"。《檀
弓》所谓"复,尽爱之道"是也。(《仪礼正义》卷二十六,页 1210)

此"复"字,除征引《礼记·檀弓》外,乃胡氏自为之说。

二是征引汉唐各家解义以释名物,略有案断。兹举数例以见之:

《丧服》"朋友,麻",除征引郑玄解义外,培翚还征引贾公彦、孔颖
达、朱熹、程子、敖继公、沈大成、褚寅亮、江筠、沈彤等人之说。在各家
解义之后,胡氏有诸如"敖说非也""沈说是也"等简单的案语(《仪礼
正义》卷二十五,页 1172-1175)。

《丧服》"衣二尺有二寸,袪尺二寸",除征引郑玄解义外,培翚还征
引马融、贾公彦、李如圭、敖继公、王廷相、万斯同、褚寅亮、阮元之说。
在贾氏、李氏和褚氏之后,胡氏无案语;其余诸家解义后,胡氏有简略的
案语。比如在敖氏、万氏解义之后,胡氏曰:"今案:《通典》非,万说亦
非,当以阔杀之说为是。"(《仪礼正义》卷二十五,页 1190)

《丧服》:"传曰:'君至尊也。'"郑玄认为,天子、诸侯及卿大夫有
地者皆曰君;马融认为,此传所云之君是专据诸侯言,指一国所尊也;贾
公彦认为,士无臣,故此所言君不包括士在内;敖继公又兼士言之,谓有
臣者皆曰君;吴绂据《特牲馈食礼》以驳贾氏,认为士自有臣,敖氏兼士
言之,于义为合;盛世佐据《特牲馈食礼》,认为士亦有私臣,但职分卑,
不足以君之;褚寅亮认为,士无地,虽为其臣,不得服斩。胡培翚云:

　　今案:盛氏、褚氏之说是也。吴氏驳贾士无臣之说亦是,但以
敖义为合,则非耳。(《仪礼正义》卷二十一,页 1009-1010)

《丧服传》此"君"字,贾氏、盛氏、褚氏等人认为不包括士在内,而
其中的原因,贾氏等人认为是士无臣,而盛氏、褚氏等人则认为是士无
地。敖氏认为此之"君"包括士在内,吴氏以敖氏为是。胡培翚征引诸
家之说,以盛氏、褚氏之说为是,以贾氏之说为非,以敖氏、吴氏之说是
与非兼有之。

三是征引前人之说,且详加辨析。兹举数例以见之:

《丧服》:"苴绖者,麻之有蕡者也。"《尔雅》曰:"蕡,枲实,麻之有
子者,其色恶,以实言之谓之蕡,以色言之谓之苴。"马融曰:"蕡者,枲
实,枲麻之有子者。其色黖恶,故用之。苴者,麻之色。"胡培翚曰:

马氏以黂为枲实，本《尔雅·释草》。孙氏注云："黂，麻子也。"案此传云"苴绖者，麻之有黂者也"，下传云"牡麻者，枲麻也"，则苴麻有子，枲麻为雄麻无子。而《尔雅》云"枲实"者，对文异，散则通，枲实犹言麻实耳。（《仪礼正义》卷二十一，页995）

胡氏又补充曰：

《尔雅》又云："荸，麻母。"郭注："苴麻盛子者。"则苴麻名荸，不名枲也。《诗》"九月叔苴"，《毛传》："苴，麻子也。"是因苴麻有子，又谓麻子为苴。《御览》引《本草》云："麻子，一名麻蕴。"《齐民要术》引崔寔曰："苴麻，马之有蕴者，荸麻是也，一名黂。"敖氏云："麻有黂，则老而麤恶矣，故以为斩衰之绖。"（《仪礼正义》卷二十一，页995）

案：《丧服传》云："牡麻者，枲麻也。"枲麻为牡麻，当不得有子，然《尔雅》、马融认为黂为枲麻子，故于枲麻之说，《尔雅》、马融与《丧服传》之说似有矛盾。培翚则认为，《尔雅》所言"枲实"是指"麻实"。此外，培翚还征引郭璞《尔雅注》《毛诗传》《太平御览》《齐民要术》，对苴麻与枲麻加以辨析。培翚所作考证之细密，征引文献之丰富，于此可见一斑。

《丧服》："童子何以不杖？不能病也。妇人何以不杖？亦不能病也。"《礼记·丧大祭》云："三日，子、夫人杖。五日，大夫、世妇杖。"贾氏据此，认为诸经皆有妇人杖文，故知成人妇人正杖也，因此《丧服传》此所谓妇人为童子妇人；《丧服四制》："妇人、童子不杖，不能病也。"孔《疏》认为，此妇人谓未成人之妇人，童子谓幼少之男子；雷次宗认为，此《丧服》妻为夫、妾为君、女子子在室为父、女子嫁反在父之室为父三年，如《传》所云妇人者皆不杖；贺循认为，妇人不杖，谓出嫁之妇人不为主则不杖，其不为主而杖者，唯姑在为夫；沈彤认为，非长女不杖，且有男昆弟主丧者，则女子子皆不杖矣，妇人则成人，谓异姓来嫁之妇人。金榜认为，此之妇人为成人。培翚曰：

今案：此《传》妇人，郑无注。贾、孔以为童子妇人，雷氏、贺氏、沈氏、金氏以为成人妇人。细绎《传》意，自以成人妇人为是，

而沈氏、金氏之说尤详。盖传层递问下,其问童子者,以男子非主
皆杖,童子何以不杖? 其问妇人者,以童子未成人非主不杖,妇人
已成人,非主何以不杖? 此两问,俱跟"非主而杖"说下。若童子
当室而杖,妇人为主而杖,则其义已该于担主中矣。童子自包女子
子在内,若以上句为问童男,下句为问童女,则童男既以稚弱不能
病,岂童女又能病乎? 此问所不必问者也。贾、孔之说失之。
(《仪礼正义》卷二十一,页998)

案:关于《丧服传》此之"妇人",贾氏、孔氏认为是童子妇人,而雷
氏、贺氏、沈氏、金氏认为是成人妇人。胡氏支持雷氏等人的成人妇人
之说,依据主要是《传》文中的"童子"已包括妇人之未成人者。胡氏于
此对于有争议的解义皆予以征引,并在此基础上加以辨析,最终得出允
当之见。

根据以上所作的归纳,可知胡培翚征引各家解义是经过认真考
察的。其所征引之解义的作者所处时代跨度很大,既有两汉的经学,
亦有清代的经学家。所征引者于名物制度考证的角度也不尽相同,
结论也不尽一致。胡氏在排比罗列诸家解义之基础上择善而从。不
过,胡氏所作之考证也有值得商榷处,如《士丧礼》:"楔齿用角柶。"贾
公彦云:

此角柶其形与扱醴角柶制别,故屈之如轭,中央入口,两末向
上,取事便也。以其两末向上出入易故也。

胡氏在征引贾氏之说后,曰:

案:柶状如匕,本有两末之形,非屈之使然。下缀足用燕几,是
平日常用之几,则角柶亦是平日常用之物。缘始死不能猝办丧器,
故皆以生人之器为用。贾谓于扱醴角柶制别,恐非。(《仪礼正
义》卷二十六,页1214)

案:贾公彦认为,《士丧礼》所言之角柶与扱醴之角柶形制有别;胡
培翚则认为二者形制是相同的,原因是人始死时来不及办丧器,故用平
时的器具以充当。胡氏于丧礼角柶形制之说,是出于主观判断,并无文

献佐证。

四、《仪礼正义》于前贤时人解义之征引

胡培翚《仪礼正义》广泛征引历代学人之解义,是典型的集解体文献。对于前贤时人之解义,胡培翚作了全面的考察,对于相关情况了然于胸。在历代《仪礼》解义中,培翚对郑玄《仪礼注》最为重视。陆建瀛说:

> 绩溪胡农部撰《正义》,以郑注为宗,而萃辑群言,辨析精密,洵足辅翼郑氏,嘉惠来学。(《仪礼正义》卷首,页11)

除郑《注》外,培翚于唐人贾公彦、宋人李如圭、元人敖继公,以及清代张尔岐、胡匡衷、凌廷堪等人的解义亦颇为重视。胡氏认为贾氏《仪礼疏》"解经而违经旨,或申注而失注意",①然在《仪礼正义》中,他不仅大量征引贾《疏》,还对贾《疏》多有肯定之词。对于李如圭《仪礼集释》一书,胡氏亦称赞有加,他说:

> 《集释》一书全录郑《注》,而博采经传为释,以相证明。其异于前人者,多有根据,不为臆断。盖注、疏以后,释《仪礼》全经者,此为第一书矣。②

今通过统计《仪礼正义》的《士冠礼》《丧服》部分征引各家解义之情况,以窥《仪礼正义》的学术取向。③

以下是《士冠礼》部分征引各家解义的情况:

---

① 胡培翚,《上罗椒生学使书》,见黄智明点校、蒋秋华校订,《胡培翚集》卷五,前揭,页166。
② 胡培翚,《〈仪礼经注校本〉书后》,见黄智明点校、蒋秋华校订,《胡培翚集》卷七,前揭,页200。
③ 之所以于此选择统计《士冠礼》和《丧服》征引之情况,是因为《士冠礼》是《仪礼》的第一篇,而《丧服》是胡氏用力最多者。胡氏《仪礼正义》于郑玄《仪礼注》悉数征引,故郑玄解义不在本书的统计之列;此外,《仪礼正义》于"十三经"亦多有征引,此亦不在统计之列。

序号	被征引者	被征引次数	被征引者的时代	备　注
1	《孔子家语》	1		此书的作者和成书时代存疑，有人认为此书是王肃的伪作
2	《淮南子》	1	西汉	署名刘安，实际上是刘安的门客所作
3	卢　植	1	东汉	
4	高　诱	1	东汉	出自《吕氏春秋注》
5	刘　熙	3	东汉	此之解义出自《释名》
6	班　固	9	东汉	此之解义4处出自《白虎通义》，5处出自《汉书》
7	许　慎	16	东汉	此之解义皆出自《说文解字》
8	孙　炎	1	三国(魏)	
9	郭　璞	1	西晋	此之解义皆出自《尔雅注》
10	裴　骃	1	南朝(宋)	
11	范　晔	1	南朝(宋)	
12	皇　侃	1	南朝(梁)	
13	《隋书》	1	唐	作者多人，故列书名而不言作者
14	陆德明	9	唐	此之解义皆出自《经典释文》
15	孔颖达	11	唐	
16	贾公彦	21	唐	
17	韩　愈	1	唐	
18	聂崇义	6	北宋	此之解义皆出自《新定三礼图》

（续表）

序号	被征引者	被征引次数	被征引者的时代	备　注
19	陈祥道	4	北宋	此之解义皆出自《礼书》
20	朱　熹	25	南宋	
21	杨　复	6	南宋	《仪礼正义》或称"杨复"，或称"杨氏"
22	张　淳	8	南宋	此之解义皆出自《仪礼识误》
23	李如圭	32	南宋	《仪礼正义》称"李氏"
24	王应麟	4	南宋	
25	魏了翁	4	南宋	
26	辅　广	1	南宋	
27	戴　侗	1	南宋	
28	陈　澔	1	元	
29	敖继公	35	元	《仪礼正义》称"敖氏"
30	熊朋来	3	元	
31	高　愈	1	明	
32	朱大韶	1	明	
33	万斯大	4	清	
34	张尔岐	25	清	此之解义出自《仪礼郑注句读》
35	顾炎武	1	清	
36	沈　彤	16	清	此之解义出自《仪礼小疏》
37	蔡德晋	7	清	
38	姜兆锡	1	清	
39	方　苞	6	清	
40	江　永	10	清	

（续表）

序号	被征引者	被征引次数	被征引者的时代	备　注
41	江　筠	9	清	
42	吴廷华	15	清	此之解义出自《仪礼章句》
43	王士让	11	清	
44	惠　栋	8	清	
45	吴　绂	2	清	此之解义出自《仪礼考证》和《仪礼臆拟》
46	秦蕙田	2	清	此之解义出自《五礼通考》
47	盛世佐	15	清	此之解义出自《仪礼集编》
48	褚寅亮	22	清	此之解义出自《仪礼管见》
49	金日追	2	清	此之解义出自《仪礼经注疏正讹》
50	卢文弨	12	清	此之解义出自《仪礼注疏详校》
51	戴　震	4	清	
52	程瑶田	5	清	
53	胡匡衷	8	清	此之解义或出自胡匡衷《三礼札记》，或出自《仪礼释官》
54	胡匡宪	1	清	
55	金　榜	2	清	
56	段玉裁	23	清	
57	孔广森	1	清	

（续表）

序号	被征引者	被征引次数	被征引者的时代	备　注
58	孙星衍	1	清	
59	凌廷堪	41	清	此之解义出自《礼经释例》。《仪礼正义》称《礼经释例》或《释例》
60	张惠言	7	清	此之解义出自《仪礼图》
61	阮　元	20	清	《仪礼正义》称《十三经注疏校勘记》或《校勘记》
62	王念孙	2	清	此之解义出自《广雅疏证》
63	王引之	4	清	
64	臧　庸	2	清	
65	胡承珙	15	清	此之解义出自《仪礼古今文疏义》

以下是《丧服》部分征引各家解义的情况：

序号	被征引者	被征引次数	被征引者的时代	备　注
1	《孔子家语》	3		
2	《孔丛子》	2		《孔丛子》的作者和成书时代存疑，有人认为其出自秦朝
3	戴　德	4	西汉	
4	戴　圣	2	西汉	
5	扬　雄	1	西汉	此之解义出自《方言》
6	张　衡	1	东汉	此之解义出自《南都赋》
7	马　融	68	东汉	

（续表）

序号	被征引者	被征引次数	被征引者的时代	备 注
8	卢 植	1	东汉	
9	高 诱	1	东汉	
10	应 邵	1	东汉	
11	刘 熙	12	东汉	此之解义出自《释名》
12	班 固	14	东汉	此之解义出自《白虎通义》
13	许 慎	19	东汉	此之解义出自《说文解字》
14	谯 周	1	三国（蜀）	
15	张 揖	4	三国（魏）	
16	袁 准	1	三国（魏）	
17	孙 炎	1	三国（魏）	
18	王 肃	14	三国（魏）	
19	韦 昭	1	三国（吴）	
20	射 慈	4	三国（吴）	
21	徐 整	4	三国（吴）	
22	杜 预	2	西晋	
23	臣 瓒	2	西晋	
24	陈 铨	17	西晋	
25	贺 循	3	西晋	
26	郭 璞	6	西晋	此之解义出自《尔雅注》
27	孔 伦	4	东晋	
28	雷次宗	26	南朝（宋）	
29	裴 骃	2	南朝（宋）	
30	庾蔚之	4	南朝（宋）	
31	皇 侃	3	南朝（梁）	

（续表）

序号	被征引者	被征引次数	被征引者的时代	备 注
32	萧 衍	1	南朝（梁）	
33	顾野王	5	南朝（梁）	
34	贾思勰	1	北朝（北魏）	
35	陆德明	6	唐	此之解义出自《经典释文》
36	孔颖达	35	唐	
37	颜师古	1	唐	
38	李 善	1	唐	此之解义出自《文选注》
39	贾公彦	92	唐	
40	杜 佑	32	唐	此之解义出自《通典》
41	成伯玙	1	唐	
42	释玄应	1	唐	此之解义出自《一切经音义》
43	韩 愈	2	唐	
44	李 涪	1	唐	
45	杨 倞	1	唐	此之解义出自《荀子注》
46	《旧唐书》	2	北宋	作者多人，故列书名而不言作者
47	邢 昺	1	北宋	
48	聂崇义	3	北宋	此之解义皆出自《新定三礼图》
49	陈彭年	1	北宋	此之解义出自《广韵》
50	张 载	1	北宋	
51	沈 括	1	北宋	
52	二 程	5	北宋	《仪礼正义》称"程子"
53	方 悫	1	北宋	

（续表）

序号	被征引者	被征引次数	被征引者的时代	备　注
54	范祖禹	1	北宋	
55	朱　熹	18	南宋	
56	黄　榦	9	南宋	
57	杨　复	7	南宋	此之解义出自《仪礼图》
58	李心传	1	南宋	
59	张　淳	2	南宋	此之解义出自《仪礼识误》
60	车　垓	2	南宋	
61	李如圭	80	南宋	《仪礼正义》称"李氏"
62	王应麟	1	南宋	
63	张　晏	1	元	
64	敖继公	97	元	此之解义出自《仪礼集说》
65	湛若水	1	明	
66	徐师曾	1	明	
67	郝　敬	18	明	
68	黄乾行	1	明	
69	刘　绩	1	明	
70	高　愈	2	明	
71	邵　宝	1	明	
72	王志长	2	明	
73	吕　坤	1	明	
74	万斯同	4	清	
75	万斯大	7	清	
76	张尔岐	18	清	此之解义出自《仪礼郑注句读》

（续表）

序号	被征引者	被征引次数	被征引者的时代	备　注
77	顾炎武	16	清	
78	汪　琬	11	清	
79	王锡阐	1	清	
80	徐乾学	29	清	此之解义出自《读礼通考》
81	阎若璩	2	清	
82	沈　彤	39	清	此之解义出自《仪礼小疏》
83	华学泉	7	清	
84	蔡德晋	15	清	
85	姜兆锡	6	清	
86	方　苞	20	清	
87	江　永	4	清	
88	江　筠	21	清	
89	吴廷华	25	清	此之解义出自《仪礼章句》
90	王士让	5	清	
91	惠　栋	5	清	
92	方承观	1	清	此之解义出自《五礼通考》
93	吴　绂	31	清	此之解义出自《仪礼考证》和《仪礼臆拟》
94	沈大成	3	清	
95	秦蕙田	5	清	此之解义出自《五礼通考》
96	官献瑶	1	清	

（续表）

序号	被征引者	被征引次数	被征引者的时代	备注
97	盛世佐	47	清	此之解义出自《仪礼集编》
98	褚寅亮	29	清	此之解义出自《仪礼管见》
99	卢文弨	5	清	此之解义出自《仪礼注疏详校》
100	戴　震	11	清	
101	程瑶田	34	清	
102	胡匡衷	4	清	此之解义或出自《三礼礼记》，或出自《仪礼释官》
103	钱大昕	1	清	
104	金　榜	7	清	
105	段玉裁	11	清	
106	孔广森	5	清	
107	凌廷堪	9	清	此之解义出自《礼经释例》。《仪礼正义》称《礼经释例》或《释例》
108	郝懿行	1	清	
109	张惠言	2	清	此之解义出自《仪礼图》
110	阮　元	16	清	此之解义出自《仪礼注疏校勘记》
111	王引之	3	清	
112	臧　庸	2	清	
113	瞿中溶	2	清	
114	胡承珙	5	清	此之解义出自《仪礼古今文疏义》

序号	被征引者	被征引次数	被征引者的时代	备　注
115	张　履	6	清	
116	汪士铎	2	清	

胡培翚《仪礼正义》于《士冠礼》和《丧服》征引历代各家解义透显出的学术取向可从以下三个方面来看：

第一，《仪礼正义》征引广博，其征引学者解义之多，征引文献之广，可谓空前。

据以上之统计，可知在《士冠礼》部分，《仪礼正义》征引历代解义共六十余家，其中征引汉唐时期的解义有十七家，征引宋、元、明时期的解义有十五家，征引清代的解义有三十三家；在《丧服》部分，《仪礼正义》征引历代解义共百余家，其中征引汉唐时期的解义有四十五家，征引宋、元、明时期的解义有二十八家，征引清代的解义有四十三家。胡氏《仪礼正义》征引之广博，数量之大，可谓空前。在胡氏《仪礼正义》之前，集汉唐《仪礼》学之大成的是贾公彦的《仪礼疏》。贾氏《疏》对于理解郑玄《仪礼注》颇有助益，然贾氏所据者主要是南朝齐黄庆、隋李孟（上折下心）之章疏，其因征引不足而被后人诟病。作为集解体文献，胡氏《仪礼正义》征引文献之广博远超贾《疏》。胡氏所征引者除历代经学家的《仪礼》学文献外，还有史部文献如《汉书》《后汉书》《隋书》《旧唐书》《通典》等，子部文献如《孔子家语》《淮南子》《风俗通义》等，由此可见胡氏之书征引之广博。

第二，《仪礼正义》无汉宋门户之见，于历代解义之有助于解经者皆予以征引。

据以上统计，可知《士冠礼》部分，《仪礼征引》引用较多的分别是汉代许慎的《说文解字》，唐代陆德明的《经典释文》、孔颖达的《礼记正义》和贾公彦的《仪礼疏》，宋代朱熹的《仪礼经传通解》、李如圭的《仪礼集释》，元代敖继公的《仪礼集说》，清代张尔岐的《仪礼郑注句读》、沈彤的《仪礼小疏》、吴廷华的《仪礼章句》、褚寅亮的《仪礼管见》、凌廷堪的《礼经释例》、段玉裁的《仪礼汉读考》、胡承珙的《仪礼古今文疏义》、阮元的《仪礼注疏校勘记》。在《丧服》部分，《仪礼正义》引用较多的是汉代马融解义、许慎的《说文解字》，唐代陆德明的《经典释文》、孔颖达的《礼记正义》和贾公彦的《仪礼疏》,宋代朱熹的《仪礼经传通解》、李如圭的《仪礼集释》,元代敖继公的《仪礼集说》,清代张尔岐的《仪礼郑注句读》、吴绂的《仪礼考证》和《仪礼臆拟》、徐乾学的《读礼通考》、盛世佐的《仪礼集编》、沈彤的《仪礼小疏》、吴廷华的《仪礼章句》、褚寅亮的《仪礼管见》、凌廷堪的《礼经释例》、段玉裁的《仪礼汉读考》、阮元的《仪礼注疏校勘记》。由此可见,胡培翚在从事《仪礼》诠释时无汉宋门户之见,只要有助于解经的解义,胡氏皆予以征引,而不论解义所出之时代。胡氏实事求是的学风,由此得见。

第三,《仪礼正义》特别重视清代经学家的学术成果。

据以上统计,可知在《士冠礼》部分,《仪礼征引》征引清代以前的解义为三十二家,清代的解义为三十四家;在《丧服》部分,《仪礼征引》征引清代以前的解义为七十三家,清代以后的解义为四十三家。胡氏征引清代诸家解义的比例很大,透显出其对于清代考据学的重视。培翚生活于嘉道年间,在他之前,张尔岐、盛世佐、徐乾学、秦蕙田、褚寅亮、沈彤、蔡德晋、吴廷华、江永、惠栋等人于《仪礼》皆有精深造诣,并有大量经解,这就使得培翚可以广泛参考清初以来的《仪礼》学成果。相对于以前的学者,培翚治《仪礼》可谓得天独厚,这也是他能集清代《仪礼》学之大成的前提条件。

五、《仪礼正义》的价值和影响

胡培翚《仪礼正义》是中国古代《仪礼》学的集大成之作,其学术价值和影响可从以下三个方面来看:

第一,从《仪礼》学史来看,《仪礼正义》为中国古典《仪礼》学的巅峰之作。

东汉末年,郑玄广泛参考两汉学人之《仪礼》解义,或采今文,或采古文,取其义长者,成《仪礼注》一书。经过郑玄兼采今古文并为之作注的《仪礼》,就是后世流传的《仪礼》。郑玄《仪礼注》成为后世治《仪礼》者的不祧之祖,影响极大。然而时过境迁,简奥的郑《注》逐渐为后人所费解。唐高宗永徽年间,太学博士贾公彦以郑《注》为宗,撰《仪礼义疏》四十卷,集汉唐《仪礼》学之大成。然而该书除征引不足之外,在行文上亦有弊病。阮元曰:

贾《疏》文笔冗蔓,词意郁轖,不若孔氏《五经正义》之条畅,传写者不得其意,脱文误句,往往有之。①

阮氏之说,非虚言也。

宋代治《仪礼》可称道者,一是南宋李如圭的《仪礼集释》,该书继承实学传统,重视经文之校勘、名物礼制之考证,能发前人所未发,对后世的《仪礼》学有深远影响。在考据学大兴的清代,李氏《仪礼集释》受到高度重视。四库馆臣云:

宋自熙宁中废罢《仪礼》,学者鲜治是经,如圭乃全录郑康成注,而旁征博引,以为之释,多发贾公彦《疏》所未备。②

二是南宋朱子编纂的《仪礼经传通解》,该书的成就主要在于体例的创新,即以《仪礼》为经,而取《礼记》及诸经史杂书所记有及于礼者皆附于本经之下。该书之失亦在体例,皮锡瑞曰:"其(《通解》)失在厘析《仪礼》诸篇,多非旧次。……未免宋儒割裂经文之习。"③

清代考据学大兴,治《仪礼》者众多,著述宏富。其中具有代表性的,除胡培翚《仪礼正义》外,当数清初张尔岐的《仪礼郑注句读》和清中期凌廷堪的《礼经释例》。《仪礼郑注句读》重在《仪礼》经、注之校勘,句读之划分,而于经文之释义,体例之探究,则鲜及之。凌廷堪《礼经释例》依据《仪礼》经文和注疏,间引《周礼》《礼记》经文和注疏以及其他经籍子书,释例二百四十六则,极富创见。然该书之重点在归纳《仪礼》之例,而于《仪礼》经、注之校勘,名物之考证,则着力不多。

胡培翚生活于清代嘉道年间,乾嘉时期考据精深的著述多已面世。培翚作从事《仪礼》新疏之撰作,能广泛地参考和吸纳前代和当代经学家的成果,可谓有得天独厚的优势。比如受阮元等人的影响,胡氏在《仪礼》的校勘方面既能科学地选择底本和参校本,又能吸收历代的校

---

① 阮元,《仪礼注疏校勘记序》,《续修四库全书》第 181 册,前揭,页 287。
② 永瑢,《四库全书总目》卷二十《经部·礼类二》,北京:中华书局,1965 年,页 159。
③ 皮锡瑞,《经学通论·三礼》,见潘斌编,《皮锡瑞儒学论集》,成都:四川大学出版社,2010 年,页 178。

勘成果,特别是吸收清代金日追、卢文弨、阮元等人的校勘成果,使得其在《仪礼》经、注的校勘方面能有所超越。又如在《仪礼》名物制度及礼例的考证或归纳方面,胡培翚也可谓荟萃前人之精华于一书。在《仪礼》之例的归纳方面,培翚几乎全部吸纳了凌廷堪《礼经释例》的成果;在《仪礼》所记职官的考证方面,培翚全部吸纳了胡匡衷《仪礼释官》的成果。除此之外,培翚还对盛世佐、徐乾学、秦蕙田、褚寅亮、沈彤、江永、惠栋、吴廷华、戴震、程瑶田等人的解义多有征引。因此,不管是在征引《仪礼》解义的规模上,还是在诠释《仪礼》的角度上,抑或诠释《仪礼》的精深程度上,培翚《仪礼正义》都超越了前人,而成为中国古典《仪礼》学的集大成之作。

第二,从清代经学史来看,《仪礼正义》是清代新疏的代表作之一。

清代经学家在从事经典诠释时所采用的体裁各异,研究的内容也有不同。其中的部分著作,如李道平的《周易集解纂疏》、孙星衍的《尚书今古文注疏》、陈奂的《诗毛氏传疏》、孙诒让的《周礼正义》、孙希旦的《礼记集解》、洪亮吉的《春秋左传诂》、陈立的《公羊义疏》、廖平的《穀梁古义疏》、刘宝楠的《论语正义》、皮锡瑞的《孝经郑注疏》、焦循的《孟子正义》、郝懿行的《尔雅义疏》等,皆是总结、吸收前人研究成果的疏体之作。清代学人为群经作新疏并非偶然,正如孙诒让所说:

> 群经义疏之学,莫盛于六朝,皇、熊、沈、刘之伦,著录繁多,至唐孔冲远修订《五经正义》,贾、元、徐、杨诸家,庚续有作,遂遍群经。百川洄注,潴为渊海,信经学之极轨也。南宋以后,说经者好逞臆说,以夺旧诂,义疏之学,旷然中绝者,逾五百年。及圣清御宇,经术大昌,于是鸿达之儒,复理兹学,诸经新疏,更迭而出。①

今人张舜徽亦指出:"清代乾嘉学者们,感到旧的《十三经注疏》不满人意,有重新改作的必要,于是纷纷奋起,撰述新疏。"②在孙诒让、张舜徽看来,清代学人从事群经新疏之撰作,既是出于对旧疏缺陷的不满,亦是对宋元明时期经学空疏流弊的反动。清人的《仪礼》新疏各有

---

① 孙诒让,《刘恭甫墓表》,孙诒让著,许嘉璐主编,雪克点校,《籀庼述林》卷九,北京:中华书局,2010 年,页 295。

② 张舜徽,《清儒学记》,武汉:华中师范大学出版社,2005 年,页 310。

特色,然亦各有不足,如惠栋《禘说》"皆信纬书",沈彤《仪礼小疏》、褚寅亮《仪礼管见》"咸择言短促"。① 而胡培翚《仪礼正义》规模宏大,征引广博,择义精审,是清代《仪礼》新疏中的代表作。梁启超说:"其集大成者则有道光间胡竹村(培翚)之《仪礼正义》,为极佳新疏之一。"②中华书局编辑部于 1982 年所提出的"十三经清人注疏出版计划"中,《仪礼》学方面所选择的就是胡培翚的《仪礼正义》。

第三,《仪礼正义》为当代治《仪礼》者提供了很大方便。

因为《仪礼》难读,所以历代学人对该书的关注程度远不及《易》《诗》《礼记》《春秋》等经典。不过《仪礼》毕竟是"礼经",一些有远见卓识的经学家对《仪礼》还是相当重视的。特别是到了考据学大兴的清代,治《仪礼》者急剧涌现出来。因此,清代的《仪礼》学著述总量是很大的。今人治《仪礼》需要参考前人之解义,然而要在短时间内遍览前人的《仪礼》解义是非常不易的。胡培翚《仪礼正义》所征引的解义时间跨度很大,从汉代到清代皆有。此外,《仪礼正义》所征引的解义释经角度各异,观点亦有不同。今之治《仪礼》者,若要比较便捷地知道中国古代经学家治《仪礼》之概况,通过阅读胡氏《仪礼正义》即可实现。因此,胡氏此书对于今之学习和研究《仪礼》者提供了很大的方便。

*本文系 2017 年国家社科基金项目"清代三礼诠释研究"(项目号 17BZX056)的阶段性成果。

---

① 刘师培,《南北学派不同论·南北考证学不同论》,前揭。
② 梁启超,《中国近三百年学术史》,前揭,页 182。

末代英雄与神人分离

——读《荷马:史诗的共鸣》

李孟阳 *

（爱丁堡大学古典学系）

Barbara Graziosi, Johannes Haubold, *Homer: The Resonance of Epic*.
London: Duckworth, 2005.

《荷马:史诗的共鸣》(以下简称《共鸣》)可说是郝博德(Johannes Haubold)及其夫人格拉兹奥斯(Barbara Graziosi)两位杜伦大学古典学与古代史教授(格拉兹奥斯兼任院长)早前各自关于荷马著作的延续:郝博德在 2000 年出版《荷马的民众》(*Homer's People: Epic Poetry and Social Formation*, Cambridge: Cambridge University Press),格拉兹奥斯两年后出版《创造荷马》(*Inventing Homer: The Early Reception of Epic*, Cambridge: Cambridge University Press)。① 作为"古代地中海与近东研究中心"的成员之一,郝博德的荷马研究多有参照欧亚与近东史诗。格拉兹奥斯获欧洲研究委员会(ERC)支持,最近正主持一项关于古希腊—罗马诗人的长期研究(Living Poets)。②

《共鸣》简单明了地分为"共鸣"与"共鸣模式"两部分,但其中讨论的主题却繁多复杂。虽是薄书一本,《共鸣》试图为读者提供一个全新的解读思路,其"野心"颇大。此书的问题意识源于帕里(Milman

---

* 作者简介:李孟阳(1991-),男,广东广州人,英国爱丁堡大学古典学博士在读,研究方向为古希腊宗教及伦理思想。

① 晚近格拉兹奥斯还出版了一本关于荷马的小册子(*Homer*, Oxford: Oxford University Press, 2016)。

② 参见 https://livingpoets.dur.ac.uk/w/Guides 介绍。

Parry）对南斯拉夫史诗与荷马史诗的有趣而影响极大的比较（页 7，另见页 48 以下）。① 帕里的研究表明，理解荷马史诗的前提之一，是看到荷马处于一个史诗传统之中。随后的研究者花了大量的精力讨论荷马的口头创作传统，例如系统化的修饰语、程式化的诗句、典型场景以及环形结构等。与此不同，《共鸣》关心古代（尤其古风希腊）的读者（例如希罗多德）理解荷马史诗的"传统语境"，②试图从荷马作品整体、英雄诗系、荷马与赫西俄德在"宇宙史"（cosmic history）和"神学"上的关联（"共鸣"）出发，以更好地理解荷马史诗及其意蕴。《共鸣》关心的不只是口头创作的形式化特征，而是要追踪隐含在这些特征背后的"共鸣"及其意义。但《共鸣》并未否定对口头传统进行史学研究，事实上，正是这些分析为此书的讨论提供了语文学基础和历史依据（页 19－21）。因此，《共鸣》的第一部分首先讨论阅读荷马史诗的方法论问题，并从诗人（第一章）和诗歌（第二章）两方面重构了荷马史诗在一个更大的史诗传统中的位置，以及史诗间的互相关联与指涉的"共鸣性"。第二部分分别从诸神与命运、共同体与个人来讨论这些回响与共鸣。

　　第一章从古风时代读者对荷马的描述与评价、荷马与赫西俄德之关系入手讨论了"荷马问题"。如今最通俗的看法是，盲诗人荷马是两部伟大文学作品的作者。与此不同，古风读者认为荷马是众多史诗作品的作者：包括忒拜战争、特洛伊战争史诗、诸神颂诗等（页 26－27）。③希罗多德认为，荷马与赫西俄德是希腊神话或神圣叙事最关键的代表："他们为希腊人创作了神谱，赋予诸神名号，区分了他们的名位与技艺，并描述了他们的模样"（《原史》2. 53；参《共鸣》页 63 以下）。虽然现存的荷马诗篇似乎不像赫西俄德那样关心诸神世系，荷马与赫西俄德的作品共有一个相似的神话传统以及神圣历史。虽然史远迹湮，完全重构古风读者所知的史诗传统和诗系或已不可能，《共鸣》认为，赫西俄德吟唱的"宇宙史"或"神人史"至少部分地隐含在荷马史诗的叙

---

① 除非特殊注明，文中括号阿拉伯数字均为《共鸣》页码。

② 这与流行的（例如剑桥学派的）"语境"稍有不同：《共鸣》探讨的不是荷马所处时代的语境，而是作品之间及其评论者构成的一个文本上的"传统语境"。

③ 事实上，"荷马"不单是史诗这种文学类型的集大成者，这个名号首先意味着一个神人万物的权威讲述者。此外，荷马及其作品都并非没有传统：此前的作诗者有俄耳甫斯、穆塞乌斯乃至阿波罗，而其后（或与其同时代）的诗人中最重要的是赫西俄德。

述中,而这当是古代读者的理解荷马的重要语境之一。

第二章在史诗内部寻找"共鸣"的线索,尤其是挖掘荷马史诗的具体情节与宇宙—神人史叙事之间的关联。荷马与赫西俄德从不同的角度描述了一个具有相似历史脉络的世界。赫西俄德的作品记述了天地神人总体秩序的建立:《神谱》始于天地开辟,经由克罗诺斯和宙斯奠定神界秩序,终于神人的逐渐分离(诸神不再与凡人交合);随后《列女传》追述英雄的世代,结束于特洛伊战争,而《工作与时日》的主题是后英雄时代(现世代)的人类生活。与赫西俄德的关切不同,包括荷马颂歌在内的荷马作品细述这个神人历史的不同环节。但无论如何,荷马和赫西俄德的"史诗"都首先是一种"历史",而非"虚构文学"。在《共鸣》看来,荷马史诗的典型场景、传统修饰语、程式化叙述可以视为某种历史方法:①它们不仅为理解特殊场景提供线索,而且形成了与其他史诗之间的互文,由此将具体的史诗情景置入一个从宇宙到人类社会的历史进程中。荷马史诗中的特殊修饰语往往与一个更大的、持续进行的宇宙历史相关联,又反过来为理解当前的情节提供一个解释的维度。或者说,那些被视为"口头创作"特征的程式化语句往往提示着诸神、英雄和人在宇宙或具体历史进程中的位置。《共鸣》认为,古风读者并不关心口头创作本身的限度,而是其意义和内容:什么样的过去构成了当今? 宇宙、诸神、人间事物是如何运作的? 我们作为"后英雄"时代的人又如何理解自身?

以此为线索,第二部分从"普遍"(宇宙史提供的背景)与"特殊"(具体英雄和个人的命运问题)两个维度来考察荷马史诗。在赫西俄德那里,从原初事物(混沌、黑夜、大地等)开始,经过一系列的斗争冲突(尤其是夫妻间和父子间的冲突),最终宙斯凭借力量与智慧(metis)奠定神界秩序,并为诸神分配荣誉(τιμή,该词在古希腊语中另有名位、地位之意)。在《共鸣》看来,诸神间荣誉的分配其实就是神界秩序的确立。但在荷马史诗里,人间秩序或者说人间荣誉的分配恰恰悬而未决(页99):《伊利亚特》就始于阿伽门农与阿基琉斯两位英雄关于荣誉分配的纷争。在《神谱》里,由于普罗米修斯的"分配",神人在墨科涅分离:自此以后,人不得不进行劳作,承受生死疲劳的苦痛。与不朽

---

① 对比 Donald Lateiner, *The Historical Method of Herodotus*, Toronto: University of Toronto Press, 1989, pp. 13-54。

不老的诸神不同,人受制于自然的生成与毁灭。因此,由于人的时间性和有死性,荣誉的分配以及人间秩序就始终处在生成变化之中。于是,人在宇宙中的位置就成为问题。不过,荷马史诗的咏唱对象不是一般的人,而是英雄,人类中的"半神"族类。按照赫西俄德,英雄世代在黄金、白银、青铜三代之后,而在"我们"所处黑铁世代之前。从黄金世代到黑铁世代的人类历史在总体上是神人逐渐分离的历史,也是神凡秩序的逐步确立(另参页123)。《共鸣》认为,从《伊利亚特》的英雄到《奥德赛》的人对应了英雄时代到黑铁时代的过渡。因此,《伊利亚特》描述了神人史的一个特殊阶段:在特洛伊战争爆发前后,亦即英雄时代的末期,神界秩序已基本稳定(页74、99、121)。① 在《伊利亚特》里,神界秩序的危险源自宙斯与赫拉(以及宙斯与波塞冬)的不和:这又主要源于神和英雄(特殊时代的人)之间的特殊关系。在《共鸣》看来,《伊利亚特》卷一结尾的"诸神会饮"、萨尔佩冬之死、卷二十一的"诸神战争"等段落表明,诸神逐渐不再为保护他们自己珍爱的英雄而破坏神界秩序;②其中,神人的区别和界限被一再强调,这尤其体现在远射的阿波罗对英雄"过分或越界"($\dot{\upsilon}\pi\grave{\epsilon}\rho\ \mu\acute{o}\rho o\nu$)或"等同于神"($\dot{\iota}\sigma o\varsigma\ \delta a\acute{\iota}\mu\omega\nu$)的警告(尤其是他阻止狄俄墨德斯、帕特洛克洛斯和阿基琉斯的行动)。因此,天地神人秩序的确立恰恰是神人间的最后分离(页126-129)。

如果说赫西俄德的主题是神界秩序(尤其是宙斯统治以及诸神的宇宙名位之分配)的建立,那么两部荷马史诗则讨论人间秩序的建立,并将此放在神人整体秩序中来进行(另参页125)。这体现在两个方面:一是诸神对英雄(以及人)的关系(逐渐分离),其次是英雄与人(自身)的关系("重返"或逐渐重合)。在《伊利亚特》里,阿基琉斯—忒提斯—宙斯体现了神人(英雄)亲密关系与神人秩序之间的张力(页99-100、140):正是由于阿基琉斯对荣誉(或其宇宙位置)的诉求使得神界

① 荷马谈及此前的神界冲突,如《伊利亚特》1.396-406、590-594;14.256-262;15.18-30、184-207;另参8.7-27(尤其是8.18-27)、397-408;15.14-17(宙斯的力量作为神界秩序的基础)。

② 尤其是《伊利亚特》15.138-141(雅典娜劝阿瑞斯)、21.379-380(赫拉劝赫菲斯托斯)、21.461-472(阿波罗劝波塞冬)。此外,宙斯与波塞冬的潜在对抗(15.185-199)因宙斯比波塞冬"年长"而获得解决:尽管是克诺索斯的末子由于其他后代被克诺索斯吞食而要"重新诞生",宙斯因而可以被视为"最年长的";见《共鸣》,页71;关于萨尔佩冬之死,参页90以下。

不睦(宙斯—赫拉)和凡界动荡(尤其是希腊人内部、阿基琉斯—阿伽门农)。① 与此不同,《奥德赛》开篇的"神界会议"主要以事功而非神人特殊关系来讨论奥德修斯的命运及其荣誉,并强调凡人厄运的根本原因在于人自身而非神。在《奥德赛》里,诸神退入"幕后",成为正义的分配者;诸神不再是英雄及其荣誉的特殊赞助人,而是其应得命分($μοίρα$)的守卫者(页 76、114)。② 卷一"神界会议"使奥德修斯在卷四得以离开奥吉吉亚岛,而这个场景极具象征意味:卡吕普索(分离天地的阿特拉斯之女)许诺让奥德修斯不朽不老(即成神),但这与整个神人史的整体进程相冲突。《神谱》结束在女神与英雄之间的生育,最后一段正是奥德修斯与卡吕普索的故事(页 143-144)。从神圣的奥吉吉亚岛、与神亲近的斯凯利亚岛到崎岖的伊塔卡,奥德修斯的回乡标划了神人之间的距离和界限(页 79、101)。

英雄时代处于神人分离的中间阶段。作为关于英雄时代的史与歌,两部荷马史诗从不同的角度讨论了英雄与人的本性及其界限:《伊利亚特》讲述了那些试图超出凡人界限的英雄(尤其是阿基琉斯、赫克托尔),后者则叙述了奥德修斯的漫游(同样超出常人世界)、受苦与返乡(对比页 139-140)。《共鸣》认为,阿基琉斯对荣誉的热望及其不可遏制的愤怒($μῆνις$)体现着某种"神性":如同神明摧毁不敬神的凡人,阿基琉斯因自己受损的荣誉而渴望着阿伽门农乃至阿开奥斯人的毁灭。③ 分有特殊神性的英雄因此与共同体之间存在着张力:在英雄对荣誉的热望中,他们像其祖先,亦即诸神那样行动,而诸神既非"凡人"也非"人民的牧人"(页 110、114)。"神圣"愤怒使阿基琉斯拒绝了阿伽门农的使团,不仅使阿凯奥斯军遭重创,也引向了帕特洛克洛斯和他自己的死亡。另一方面,也正是在英雄身上,由于死亡作为前提已注定英雄无法获得完全属神的荣誉(或宇宙位置,页 122),因此,英雄应当享有何种荣誉、常人生活和政治生活的价值就成为问题(页

---

① 《共鸣》此处的讨论部分建立在 Laura Slatkin, *The Power of Thetis*: *Allusion and Interpretation in the Iliad*(Berkeley: University of California Press, 1991)一书的基础上;另参《共鸣》,页 118。

② 波塞冬似乎是例外,但他爱护的恰恰是独目巨人和远离人间的费埃克斯人;关于独目巨人与奥德修斯的对比,看看《共鸣》,页 77 以下。

③ 参看《共鸣》,页 102、106、109、130-131 等。

129）。在《共鸣》看来,在重返战场之前,阿基琉斯都并未找到恰当的解决办法。尽管英雄比常人显露出更多的"神性"（另参页123-124）,但人的本性和人的境况难以承受这种神性:在阿基琉斯的故事里,似乎只有人性的彻底毁灭才能成全神性（对比页131-132）。阿波罗（在荷马史诗里他显得是神人界限的护卫者）对阿基琉斯的批评表明,阿基琉斯对人性的逾越并未引向神性,而是没有羞耻的动物性（《伊利亚特》24.33-54）。通过英雄的行动与言辞,《伊利亚特》展示了英雄介乎神人之间的双重性,也展示了英雄如何理解自身的人性及其在共同体中的位置（页101-102）:人子、丈夫、战士以及共同体担纲者。《伊利亚特》的结尾既不是阿基琉斯或赫克托尔之死（页128）,而是怒火平息后的英雄主持竞赛、款待普里阿摩斯（"重返"人间）,以及赫克托尔的葬礼（"重返"城邦）。英雄所欲求的荣誉与名声（κλέος）最终回到竞赛、葬礼和妇女的哀悼之中（对比页136）。正是在一个特殊的"父子重逢"的场景里,阿基琉斯讲述了人的普遍命运或根本处境:凡人最好的命运是祸福相伴,而更极端的情形（在某程度上可能是更普遍的情形）是没有任何荣誉的漫游者（这呼应了《奥德赛》的序言）。以半神半人的愤怒为开端的《伊利亚特》以英雄重返人间为结束,而这也标志着英雄时代的终结。如果说《伊利亚特》从英雄身上的神性来思考人（页129）,那么以人为开端的《奥德赛》就是对"人是什么"这个问题的"第二次起航"。

与阿基琉斯相似,《奥德赛》里的奥德修斯渴求着恢复或确立自身的荣誉;不同的是,阿基琉斯不得不在回乡（νόστος）与名声（κλέος）之间抉择,而奥德修斯恰恰要通过回乡确保自身的名声。《奥德赛》讲述了奥德修斯在回乡旅程以及回到故土之后,所承受的种种苦难,包括漫长航行的痛苦,尤其是在伊塔卡遭到的种种屈辱。《共鸣》认为,《奥德赛》展示了奥德修斯无与伦比的坚忍（endurance;在《伊利亚特》最后一卷,阿波罗指责阿基琉斯缺乏这一品质）和智谋。与阿基琉斯不同,奥德修斯的荣誉和名声更多地源于他承受了远超常人的苦难。事实上,人之为人就在于他不得不承受其命运的苦难:他的死亡或有朽性、与之相伴的劳作以及难测的神意带来的种种后果。人只能默默忍受他祸福不定的命运。尽管在神的帮助下奥德修斯成功地回到了故乡、惩罚了求婚者,并解决了由此而来的政治动乱,他仍然要继续漫游:在冥府里,先知卡尔科斯预言了奥德修斯的第二次航行,他不会以英雄的方式战死沙场,而是孤独地在大海中迎来自己的结局,不过这将为他的城邦带来福运。如《共鸣》所说,"多方漫游"、"多方忍受"的奥德修斯的人生象征着人的普遍命运——受苦,而这标识着神人的根本分离(页147)。

《伊利亚特》与《奥德赛》的结尾都具有开放性:"末代英雄"阿基琉斯和奥德修斯即将迎来自己的命运。从神人历史,尤其从神人分离来看,这个开放性指向对人本身的理解。在这个意义上,荷马史诗不仅仅咏唱了往昔的英雄,也以某种历史的方式探究了"后英雄时代"的我们与英雄之间的"共鸣"。

《共鸣》为阅读和理解荷马、赫西俄德乃至整个史诗世界提供了一个饶有趣味的视野。不过,尽管全书结构一目了然,各主题间的关联并不清晰,许多细节未能充分展开,而且有许多值得商榷之处(尤其对荣誉概念的讨论)。① 此外,在核心的神人史部分的重构并不充分,例如《共鸣》并未深入讨论荷马史诗与英雄诗系的关系,在时代序列上并不明确。② 如两位作者坦言,《共鸣》是一本导言性的小书,仍有许多方面的"共鸣"尚待探索和解释。总体而言,《共鸣》在古典学界和荷马研究界的反响不如人意——或许因为此书的核心讨论涉及某种"神学"或宇宙论,而这在古希腊宗教研究中(自上世纪初以来)一直处于边缘位置。不过,关于古希腊"神学"的讨论最近正有复苏之势:如布雷默(Jan N. Bremmer)和厄斯金(Andrew Erskine)编的《古希腊的诸神》(*The Gods in Ancient Greece*,Edinburgh:Edinburgh University Press,2010),爱丁诺(Esther Eidinow)、金特(Julia Kindt)以及奥斯本(Robin Osborne)合编的《古希腊宗教的神学》(*Theologies of Ancient Greek Religion*,Cambridge:Cambridge University Press,2016 年)两部文集可以说重启了对古

---

① 《共鸣》以及许多论者常以"零和博弈"来解释荷马史诗中的荣誉及其在共同体的运作模式,关于这种流行看法及其反对意见,参 Douglas Cairns," Affront and Quarrels in the *Iliad*", in Douglas Cairns ed., *Oxford Readings in Homer's Iliad*,Oxford:Oxford University Press, 2001, pp. 203 - 219。

② 《共鸣》还有众多的子题:例如神界秩序与自然秩序的关系(页 84 以下),神人分离与男女之分(页 98、103、111)、神人分离与城邦建立(页 115、117,对比页 130-131)的关系,英雄世代的毁灭与宙斯计划的关系(页 123、124),神与诗人的关系(页 80 以下)等。关于英雄诗系,参 J. S. Burgess, *The Tradition of the Trojan War in Homer and the Epic Cycle*, Baltimore:The Johns Hopkins University Press, 2010;中译见鲁宋玉译,华夏出版社,2017 年。

希腊诸神及其背后的神学的讨论。① 在我看来,《共鸣》的贡献在于勾勒出史诗传统背后的神学脉络,这无疑为荷马研究、古希腊宗教研究乃至思想史研究提供了许多有益的观察。

① 《古希腊宗教的神学》里收有格拉兹奥斯关于《伊利亚特》"诸神之战"的神学讨论,见该书第三章;关于古希腊神学的研究史,见该书第一章,另参《古希腊的诸神》的序言。

ABSTRACTS

The Oral-Written Controversy of the Homeric Questions: A Reconsideration

Chen Siyi

(Department of Philosophy, Peking University)

Abstract: Controversies surrounding the Homeric Questions, i. e. questions about the authorship, the manner of composition, and the formal and substantive unity of the Homeric poems, have been going on endlessly since the late 18th century. To a large extent, the manner of composition is the fundamental issue, since it is under the presumption of oral composition that the Analysts gained dominate position throughout the 19th century, and by the middle of 20th century, the technical breakthrough of oral theory transforms the academic landscape of Homeric studies. Against the background of the oral-written controversy, and especially taking into account the development of oral theory in the 20th century, this article argues for the possibility of a single poet creating the Homeric epics (especially *Iliad*) with the help of writing, and thereby offers a new and stronger defense for the Unitarian school.

Key words: Homeric Questions; oral; writing; formula; artistic unity

The Interpretation Tradition of the Shield of Achilles in the *Iliad*

Xiao Jian

(Department of Chinese, Sun Yat-Sen University)

Abstract: The *Iliad* describes the Shield of Achilles in detail and vase painting-like in more than 200 lines. This static description of an artwork presents an obvious contrast against the speedy dynamic narrative of the whole epic. Moreover, the "peace" theme represented by pictures on Achilles' Shield is opposite to the "war" theme of the whole epic. These extraordinary characteristics of Achilles' Shield have drawn attention from Homer interpreters in various generations. This thesis attempts to exhibit the ingenuity of Homer: to blend the grand theme of the *Iliad* in the close description of Achilles' shield, by analyzing the interpretations of Achilles' Shield of several modern Homer interpreters.

Key words: Homer; Achilles' Shield; Interpretation

The Justice of Zeus in the *Iliad*

Zhang Wentao

(Institute for Advanced Studies in Humanities and
Social Sciences, Chongqing University)

Abstract: Homer's epic poems hold a lot of phrases concerning the notion of δίκη. In light of semantic analysis, one could interpret these ideas accordingly. But when the plots and action of the epics, mythical background, text structure, key scenes, ideological connotation, etc. , are neglected, one can hardly make proper reading of Homer's idea of δίκη. Homer's *Iliad* is well connected with the themes of war, theodicy, revenge and law. This article tries to interpret Homer's idea of Zeus' Justice through a close reading of those themes. The analysis shows that the structures of Zeus-theodicy-king-scepter constitute the δίκη's embodiment descending from the divinity to the mortal world. And the idea of δίκη is always permeating this routine, which makes the most important link that builds the Homeric city-states' theodicy.

Key word: *Iliad*; Zeus; Justice; Law

The Political Metaphor of Telemachus's Journey

He Fangying

(Institute of Foreign Literature, CASS)

Abstract: The first four books of Homer's *Odyssey* tell the story of

Telemachus, Odysseus's son, who was forced to go abroad for help in order to against the suitors and get news of his father. But these four books of "Telemachus's journey" seem to be independent of the whole poem, and seem to be disjointed with the structure and theme of the *Odyssey* too, which has always puzzled the epic scholars. This paper selected the first four books of *Odyssey* to study, through reading the epic plot, trying to prove "Telemachus's journey" is an important part of the main storyline of Odysseus's journey, which has special political moral about Homer's teaching of how a potential king by self experience could form true king's characters conducive to his city-state. The teachings of Homer have greatly influenced the political philosophers of later generations, especially the 18th century thinkers such as Fénelon, Montesquieu and Rousseau. Consequently, how to educate potential statesmen became their common concern.

Key words: Homer's *Odyssey*; Telemachus; Prince's character; virtue of the city

Prometheus and theSecret of Democracy (II)
——An Interpretation of Aristophanes' *Birds*

Liu Xiaofeng

(School of Liberal Arts, Renmin University of China)

Abstract: Does the image of Prometheus in Aeschylus have any prototypes in reality? Plato in his *Protagoras* shows that intellectuals like Protagoras may be the very prototypes of Prometheus. However, between Aeschylus' *Prometheus* and Plato's *Protagoras*, there is still Aristophanes' *Birds*, where Prometheus appears as a minor character. And probably, Aristophanes' *Birds* may serve as a transitional point between Aeschylus' Prometheus trilogy and Plato's *Protagoras*.

Key words: Aristophanes; Prometheus; Utopia; freedom; Athenian democracy

Who is the New Prince?

——An Interpretation on Machiavelli's *Mandragola*

Liang Xiaojie

(Philosophy Department, Party School of the Central Committee of CPC)

Abstract: *Il Principe* is normally called Bible of the devil while *Mandragola* is often seen as a mirror of *Il Principe*. Between classical and modern is there a fiery debate on the interpretation of Machiavelli, in which a question is always arisen: who is the protagonist of *Mandragola*, or what is the definition of the new prince? The answer swings between Callimaco and Ligurio all the time, since the question is usually guided to this direction: who is the devil on the stage? However, why not think about it in another way? Just as Leo Strauss said, according to some theological truth, devil is a fallen angel. Some details disclose a cunning smile of Machiavelli which is hidden in the character setting of Messer Nicia. Maybe Lucrezia is the real new prince in his mind. Machiavelli is the founder of modernity, and also a mirror of Plato.

Key words: new prince; fate; prophet; devil; angel

A Study of the Bibliography of *Mourning Apparel* according to *Zheng Xuan's School*

Wu Fei

(Department of Philosophy, Peking University)

Abstract: *Mourning Apparel according to Zheng Xuan's School*, a great book written by Zhang Wenyuan, a distinguishing scholar in the late Qing Dynasty, quotes a lot of scholars on *mourning apparel*. After compiling a modern edition of this book, I also studied its bibliographical features, and concluded as four: a rich width of literature, a very careful textual criticism, conservation of rare literature, and no sectarianism. Because of these four features, Zhang has incorporated many essential ideas from the long history of *mourning apparel* scholarship. He identifies himself as a follower of Zheng Xuan but never flatters Zheng, and hence has established a coherent theory of *mourning apparel*.

This book is not only a conclusion of the scholarship of the Qing Dynasty, but also a great improvement on this topic in Chinese intellectual history.

Key word: Zhang Wenyuan; mourning apparel; bibliography

A Discussion on Hu Peihui's *Ceremony and Rirtual*

Pan Bin

(School of Humanities, Southwestern University
of Finance and Economics)

Abstract: Hu Peihui's *Ceremony and Rirtual*, deeply influenced by the culture of Huizhou, was also related to his recognition about *Yili*. He divided the sentences and phrases of *Yili* that rested on Zhang Erqi's *Yili Zheng Zhu Ju Dou*, with some variations. For each pieces of *Yili*, he listed titles first, recorded the content of Zheng Xuan's *Sanli Directory* next, and then cited the opinions of the predecessors to illustrate Zheng Xuan. He illustrated Zheng Xuan's *Yili Zhu* in all forms such as Bu Zhu, Shen Zhu, Fu Zhu and Ding Zhu. *Ceremony and Rirtual* collated *Yili*'s text according to many good versions and previous ideas, and carefully studied *Yili*'s naming and system. It represents the highest achievement of the *Yili* research in ancient times, and is one of the representatives of Shu in the Qing dynasty.

Key words: Hu Peihui; *Yili*; *Ceremony and Rirtual*

征稿启事暨匿名审稿说明

　　《古典学研究》辑刊由中国比较文学学会古典学会主办,专致于研究、解读古典文明传世经典,旨在建立汉语学界的古典学学术园地,促进汉语学界对中西方经典和其他传统经典的再认识。

　　本刊立足于中国文明的现代处境,从跨文化、跨学科的视角出发,力求贯通文学、哲学、史学和古典语文学,从具体文本入手,研究、疏解、诠释西方、希伯来和阿拉伯等古典文明传世经典。

　　本刊全年公开征稿,欢迎学界同仁(含博士研究生)投稿,来稿须为未经发表之独立研究成果(已见于网络者亦不算首次发表)。来稿注意事项如下:

　　一、本刊仅刊发论文和书评两类。论文以八千至一万二千字为宜,书评以三千至五千字为宜(编辑部保留学术性修改和删改文稿之权利)。

　　二、本刊同时接受中文稿件和外文稿件,中文稿件请使用简体字。

　　三、投稿请以电子文件电邮至本刊邮箱,谢绝纸质稿件。

　　四、来稿须注明作者真实中英文姓名、电邮联系方式,作者可决定发表时的署名。

　　五、作者文责自负,一切言论,不代表本刊观点。

　　六、本刊在三个月内对来稿给出评审结果,逾期未获通知者,可自行处理。

　　七、来稿通过编辑部初审后,将匿去作者姓名,根据所涉论题送交二位本刊编委复审;主编将依据匿名评审书处理稿件。

　　八、文稿一经刊登,作者将获赠当期刊物两本,不另致稿酬。

　　九、投稿撰写格式及顺序:

　　1. 中英文题名和作者联系方式(中英文姓名、现职及通讯地址、电话、电邮等）。

2. 中英文摘要（中英文均以三百字为限）、中英文关键词（各以五项为限）。

3. 正文及注释格式，按"《古典学研究》格式"（见"古典学园"网：http://www. gudianxue. com. cn/a/pinglun/yizhuantili/2018/0123/124. html）。

投稿电子邮箱：researchinclassics@ foxmail. com

微信公众号：古典学研究

图书在版编目（CIP）数据

古典学研究:荷马的阐释/刘小枫,彭磊主编. --上海:
华东师范大学出版社, 2018

ISBN 978-7-5675-8424-2

Ⅰ.①古⋯　Ⅱ.①刘⋯②彭⋯　Ⅲ.①古典哲学—研究—世界—丛刊
②《荷马史诗》—诗歌研究　Ⅳ.①B12-55 ②I545.072

中国版本图书馆 CIP 数据核字(2018)第 237280 号

华东师范大学出版社六点分社

企划人　倪为国

本书著作权、版式和装帧设计受世界版权公约和中华人民共和国著作权法保护

第二辑

古典学研究:荷马的阐释

编　者　刘小枫　彭　磊
责任编辑　王　旭
封面设计　卢晓红

出版发行　华东师范大学出版社
社　　址　上海市中山北路 3663 号　邮编　200062
网　　址　www.ecnupress.com.cn
电　　话　021 - 60821666　行政传真　021 - 62572105
客服电话　021 - 62865537　门市(邮购)电话　021 - 62869887
地　　址　上海市中山北路 3663 号华东师范大学校内先锋路口
网　　店　http://hdsdcbs.tmall.com

印 刷 者　上海盛隆印务有限公司
开　　本　700×1000　1/16
插　　页　1
印　　张　12.25
字　　数　160 千字
版　　次　2018 年 9 月第 1 版
印　　次　2018 年 9 月第 1 次
书　　号　ISBN 978-7-5675-8424-2/B·1159
定　　价　48.00 元

出 版 人　王　焰

(如发现本版图书有印订质量问题,请寄回本社客服中心调换或电话021 - 62865537 联系)